Du bist Wertvoll

Eine Reise zu deinem wahren Ich

Sophie Rosenfeld

Du bist wertvoll

eine Reise zu deinem wahren Ich

1. Auflage 2023
ISBN: 9783949604560

Herausgeber:
Anton Scharton
Saint-Claude-Str. 83/1
72108 Rottenburg

Inhaltsverzeichnis

Du stehst schon kurz davor!

„Die Reise von tausend Meilen beginnt mit einem Schritt.“

Lao Tzu

Herzlich willkommen zu diesem Buch, das dich auf einer inspirierenden und bereichernden Reise zu deinem wahren Ich begleiten wird. In einer Welt voller Ablenkungen, Erwartungen und Herausforderungen ist es manchmal schwer, sich auf sich selbst zu konzentrieren und den eigenen Wert zu erkennen. Dieses Buch soll dir helfen, genau das zu tun – sich auf das Wesentliche zu besinnen und den Fokus auf das zu legen, was wirklich zählt: dich und dein Wohlbefinden.

In den folgenden Kapiteln wirst du eine Vielzahl von Themen entdecken, die sich mit Selbstfindung, Selbstwert, Glück, innerer Stärke und Erfüllung befassen. Durch die Kombination aus inspirierenden Zitaten berühmter Persönlichkeiten und tiefgründigen Gedanken möchte ich dir dabei helfen, dein wahres Potenzial zu entfalten und ein Leben voller Liebe, Glück und Zufriedenheit zu führen.

In diesem Buch findest du neben inspirierenden Zitaten und Gedanken auch eine Vielzahl von Übungen in den einzelnen Kapiteln. Es ist von großer Bedeutung, dass du diese Übungen tatsächlich durchführst, um das Beste aus deiner Reise herauszuholen. Die Übungen wurden sorgfältig ausgewählt, um dir dabei zu helfen, deine Gedanken zu reflektieren, deine inneren Stärken zu erkennen und deine persönlichen Herausforderungen zu bewältigen. Sie sind ein wesentlicher Bestandteil der Reise zu deinem wahren Ich.

Es ist verständlich, dass es manchmal schwierig sein kann, sich die Zeit zu nehmen und den Fokus auf die Übungen zu legen, aber ich möchte dich dazu ermutigen, diesen Teil der Reise ernst zu nehmen. Denn nur durch das aktive Einlassen auf die Übungen und die Bereitschaft, sie in deinem Alltag umzusetzen, wirst du in der Lage sein, wirklich positive Veränderungen in deinem Leben herbeizuführen und dein volles Potenzial auszuschöpfen.

Mach dir bewusst, dass deine Bereitschaft und dein Einsatz entscheidend sind, um die Reise erfolgreich zu gestalten. Gib dir selbst die Chance, wirklich in die Tiefe zu gehen und deine persönliche Transformation zu beginnen. Dein Engagement für diese Übungen wird der Schlüssel sein, um deine Ziele zu erreichen, deine Träume zu verwirklichen und schließlich dein wahres Ich zu entdecken.

Ich möchte dich dazu ermutigen, den Schritt zu wagen und diese Reise zu deinem wahren Ich anzutreten. Jedes Kapitel wird dir neue Einsichten und Wege aufzeigen, wie du deine Ziele erreichen, deine Träume verwirklichen und eine tiefere Verbindung zu dir selbst aufbauen kannst. Die Reise mag herausfordernd sein, aber sie ist es wert. Denn wenn du beginnst, dich selbst zu schätzen und deinen Wert zu erkennen, wirst du feststellen, dass das Leben ein unglaubliches Geschenk ist, das darauf wartet, von dir entdeckt und genossen zu werden.

Egal, wo du gerade in deinem Leben stehst, sei offen für die Veränderungen, die auf dich zukommen, und nimm diese Herausforderungen an. Es gibt kein perfektes Leben, aber es gibt unzählige Möglichkeiten, jeden Tag besser, erfüllter und glücklicher zu werden.

Glaube an dich selbst und sei bereit, aus deiner Komfortzone herauszutreten. Dieses Buch wird dich auf deinem Weg begleiten und dir Werkzeuge an die Hand geben, um das Leben in vollen Zügen zu genießen und dein wahres Ich zu entdecken. Es ist eine Reise voller Erkenntnisse, Selbstakzeptanz und Liebe – eine Reise, die dich zu der Person führen wird, die du immer sein wolltest.

Sei mutig, sei neugierig, und lass uns gemeinsam diese spannende Reise beginnen. Denn wie Lao Tzu so weise sagte, beginnt die Reise von tausend Meilen mit einem Schritt – und dieser Schritt beginnt hier und jetzt. Willkommen zu "Du bist wertvoll: Eine Reise zu deinem wahren Ich" – möge diese Reise dein Leben zum Besseren verändern.

Ich glaube an dich und daran, dass du dein wahres Ich finden wirst!

Sophie Rosenfeld

Deine Reise zu deinem wahren Ich

Bist du bereit für deine Reise?

Es gibt einen bekannten Spruch: "Der Weg ist das Ziel". Und das trifft auch auf die Reise zu unserem wahren Ich zu. Es geht nicht darum, am Ende perfekt zu sein, sondern darum, kontinuierlich an uns selbst zu arbeiten und uns jeden Tag ein Stückchen weiterzuentwickeln.

Aber bevor du diese Reise beginnst, musst du dich selbst fragen: Bist du bereit an dir zu arbeiten und diese Reise anzutreten? Es ist eine Reise, die dich aus deiner Komfortzone herausführt, die dich dazu bringt, dich mit deinen Schwächen und Ängsten auseinanderzusetzen und dich selbst zu hinterfragen. Aber es ist auch eine Reise, die dir Selbstvertrauen, Wachstum und Erfüllung bringen kann.

Es kann beängstigend sein, sich auf diese Reise zu begeben. Es kann bedeuten, alte Gewohnheiten aufzugeben, sich von Menschen zu lösen, die dir nicht guttun, und dich mit Dingen zu konfrontieren, die du lange Zeit vermieden hast. Aber du solltest dir auch bewusst sein, dass du dich auf dieser Reise auch mit wunderbaren Menschen umgeben wirst, dich von inspirierenden Geschichten und Zitaten inspirieren lassen und dich von neuen Erkenntnissen und Erlebnissen bereichern lassen wirst.

Eine wichtige Erkenntnis, die dich auf dieser Reise begleiten wird, ist die Tatsache, dass wir alle unvollkommen sind. Selbst die erfolgreichsten und glücklichsten Menschen haben Schwächen und kämpfen mit Herausforderungen. Aber was diese Menschen von anderen unterscheidet, ist ihre Bereitschaft, an sich selbst zu arbeiten und ihre Schwächen zu akzeptieren und zu verbessern.

Es gibt viele Zitate berühmter Persönlichkeiten, die uns ermutigen, uns auf die Reise zu unserem wahren Selbst zu begeben. Ein Zitat von Eleanor Roosevelt sagt:

"Du musst etwas tun, das du noch nicht getan hast, um etwas zu bekommen, das du noch nicht hast."

Es erinnert uns daran, dass wir, um Veränderungen in unserem Leben herbeizuführen, bereit sein müssen, neue Dinge auszuprobieren und uns von unserem gewohnten Weg zu lösen.

Eine weitere inspirierende Botschaft, die dich auf deiner Reise begleiten sollte, ist, dass wir selbst die Schöpfer unseres Lebens sind. Wir haben die Macht, unser Leben zu gestalten und zu entscheiden, wer wir sein wollen. Ein Zitat von Rumi sagt:

"Was du suchst, ist schon in dir. Du musst dich nur selbst finden."

Es erinnert uns daran, dass die Antworten auf unsere Fragen bereits in uns sind und dass wir die Fähigkeit haben, unsere Träume und Wünsche zu manifestieren.

Also, bist du bereit, diese Reise anzutreten?

Darum wirst du es schaffen

Wenn du bereit bist, an dir selbst zu arbeiten und diese Reise anzutreten, dann möchte ich dich an der Hand nehmen und dich auf dieser spannenden und ergebnisreichen Reise begleiten, damit es dir so leicht wie möglich fällt, dein wahres Ich zu finden.

Und ich bin felsenfest davon überzeugt, dass wir das gemeinsam schaffen werden. Woher meine Überzeugung stammt?

Du hast die Entscheidung etwas zu verändern bereits unmittelbar zwei Mal getroffen:

1. Das erste Mal als du dich für den Kauf meines Buches entschieden hast.

2. Das zweite Mal als du angefangen hast das Buch zu lesen.

Somit hast du schon einen wichtigen Grundpfeiler gelegt. Jetzt gilt es: dranbleiben und die Dinge aus dem Buch konsequent umsetzen. Deshalb möchte ich dich ermutigen, jede Übung in diesem Buch ernst zu nehmen und die Sachen zu machen, auch wenn es auch so albern im ersten Augenblick erscheint. Vertrau mir, es wird sich lohnen!

Vermutlich kennst du das Sprichwort: „Alle guten Dinge sind drei." Aus diesem Grund möchte ich dich bitten, zum dritten Mal deine Entscheidung zu bestätigen, etwas in deinem Leben zu verändern.

Diesmal möchte ich, dass du die Kraft des „Commitments" für dich nutzt.

„Oh nein, nicht schon wieder Anglizismen und irgendwelches Bla Bla, das nicht funktioniert. Es kann nicht so einfach sein." So oder so ähnlich höre ich das immer wieder, wenn ich zu Beginn mit meinen Kursteilnehmerinnen über die wichtigen Grundlagen zur Lebensveränderung spreche. Wenn bei dir diese Gedanken auch aufgetaucht sind, so möchte ich dich zum einen bekräftigen: Einfach ist nichts im Leben. Auch wenn es bei einigen so aussehen mag, so steckt meistens sehr viel harte Arbeit und sehr viele Rückschläge, von denen man nichts mitbekommt. Zum anderen möchte ich dir aber anhand des folgenden Gedankenexperiments, die Kraft von Commitment aufzeigen:

Stell dir vor zwei Personen (Lisa und Sarah) haben unabhängig voneinander die gleiche Zielsetzung: Sie wollen 10 kg an Fett abnehmen, um für den nächsten Sommerurlaub in Form zu sein. Sie wollen nicht nur ihrem Partner gefallen, sondern vor allem sich selbst in ihrem Körper wieder wohl fühlen. Bis zum Sommer sind es noch 3 Monate, was eine realistische Zeitspanne für eine Abnahme von 10 Kg sind (hier spreche ich aus meiner persönlichen Erfahrung).

Lisa ist von Beginn an sehr skeptisch. Sie glaubt nämlich nicht wirklich daran, dass das überhaupt möglich ist. Sie hat es sich bereits in den vorherigen Jahren vorgenommen gehabt und immer wieder ist sie daran kläglich gescheitert. Ihre Freundinnen haben die gleiche Problematik und haben es auch noch nie erreichen können. Außerdem müsste sie sich doch mehrmals pro Woche zum Sport quälen und ihre Ernährung umstellen. Was ihr Partner wohl dazu sagen wird, wenn es keine Süßigkeiten mehr im Haus gibt? Trotzdem entschließt sich Lisa zu starten, jedoch ohne einen konkreten Plan. Sie denkt sich „wenn ich abends Zeit und Lust habe, dann gehe ich nach der Arbeit noch zum Sport".

Sarah geht die Sache anders an. Sie weiß, dass ihre mentale Einstellung zu der Thematik den Erfolg ausmacht, deshalb schreibt sie sich alle Zweifel und Ausreden auf ein Blatt Papier und streicht sie deutlich sichtbar durch. Darunter notiert sie sich eine Vielzahl an Gründen wieso sie es schaffen wird und warum es ihr wichtig ist. Dieses Blatt hängt sie deutlich sichtbar an mehreren Stellen im Haus auf, damit sie sich ständig damit konfrontiert. Außerdem holt sie sich einen professionellen Personaltrainer hinzu, der ihr einen detaillierten und persönlichen Schritt-für-Schritt Plan aufstellt. Einen Ernährungsplan gibt es auch dazu. „Klar wird es eine gewisse Zeit eine unbequeme Umstellung sein, allerdings weiß ich wofür ich das tue." Sie schreibt sich ihre Ziele schriftlich auf und visualisiert jeden Morgen ihr Erscheinungsbild und ihre Gefühle, die sie in 3 Monaten haben wird, nachdem sie ihr Ziel erreicht hat. Mit ihrem Partner spricht sie auch offen über die Thematik. Ihr Partner sichert ihr die volle Unterstützung zu, auch wenn es für ihn auch eine Veränderung nach sich zieht: keine Süßigkeiten mehr im Haus und mit Sarah regelmäßig zum Sport, damit sie ja keine Trainingssession ausfallen lässt. Dafür blocken sich die beiden gemeinsam an drei Abenden in der Woche jeweils ein zweistündiges Zeitfenster, um gemeinsam zum

Sport zu gehen und damit die Zeit dafür festeingeplant ist, wie ein Arzttermin.

Was denkst du, wer wird eher das Ziel erreichen?

Ich denke die Antwort ist offensichtlich: Sarah wird eher das Ziel erreichen als Lisa.

Doch was macht Sarah anders?

Nimm am besten einen Stift in die Hand und schreibe alle Dinge jetzt auf, die dir aufgefallen sind hier auf:

Lass uns gemeinsam auf die einzelnen Punkte schauen:

» Sarah wird sich bewusst über alle Zweifel, Ausreden und Schwierigkeiten.

» Sarah bekräftigt ihre Entscheidung, indem sie Gründe sucht, warum sie es schaffen wird und warum es ihr wichtig ist.

» Sarah stellt sicher, dass sie stets ihre positive mentale Einstellung aufrechterhält, indem sie durch das Aufhängen des Blattes ständig daran erinnert wird.

» Sarah holt sich professionelle Unterstützung, um einen konkreten Plan zu haben, wie sie ihr Ziel erreicht.

» Sarah visualisiert regelmäßig ihren Erfolg.

» Sarah sucht sich Verbündete und Unterstützer, die ihr bei ihrem Vorhaben helfen werden.

Du hast vermutlich gemerkt, dass das Commitment („Verpflichtung") von Sarah deutlich höher ist, als das von Lisa. Mitten im Weg umzukehren wird für Sarah deutlich schwieriger sein als für Lisa.

Was heißt das für deine Situation?

Sobald du dich dazu verpflichtest, diese Reise anzutreten und erfolgreich zu bestreiten, wirst du deinem Ziel deutlich näherkommen. Keine Sorge! Wir werden die einzelnen Schritte des Commitments noch detaillierter behandeln. Zu diesem Zeitpunkt möchte ich aber, dass du das folgende Commitment abgibst:

Wenn du bereit bist, dann sage jetzt laut:

„Ja, ich bin bereit die Reise zu meinem wahren Ich zu beginnen!"

Wiederhole es noch einmal, diesmal aber etwas lauter:

„Ich bin bereit die Reise zu meinem wahren Ich zu beginnen!"

Und jetzt schreib diesen Satz einmal schriftlich auf:

„Ich bin bereit die Reise zu meinem wahren Ich zu beginnen und werde sie bis zum Ende bestreiten, unabhängig davon was dazwischenkommt."

Glückwunsch, damit hast du einen wichtigen Schritt gemacht. Und es werden noch weitere erfolgreiche Schritte folgen. Doch bevor wir weitergehen, möchte ich dir noch meine persönliche Geschichte aufzeigen, die mich sehr viel Überwindung gekostet hat:

Ich erinnere mich noch gut an die Zeit, als ich kurz davorstand, meine Komfortzone zu verlassen und etwas Neues zu wagen. Ich hatte eine tolle Karriere in meinem bisherigen Job aufgebaut, aber tief im Inneren spürte ich, dass ich noch mehr aus meinem Leben machen wollte.

Ich hatte schon lange den Traum, meine eigene Firma zu gründen, aber ich hatte Angst vor dem Risiko und den Herausforderungen, die damit verbunden waren. Ich fragte mich, ob ich wirklich bereit war, meine Sicherheit und Stabilität aufzugeben und das Unbekannte zu wagen.

Eines Tages traf ich einen alten Freund, der vor einiger Zeit seine eigene Firma gegründet hatte. Er erzählte mir von den Herausforderungen und Schwierigkeiten, die er auf seinem Weg überwinden musste, aber auch von den unglaublichen Chancen und Erfahrungen, die er auf dem Weg gemacht hatte.

Ich erkannte, dass ich meine Ängste überwinden musste, wenn ich meine Träume verwirklichen wollte. Also begann ich, an meiner Idee zu arbeiten und meine Fähigkeiten zu verbessern. Es war eine harte Arbeit und es gab viele Rückschläge, aber ich gab nicht auf.

Endlich war der Tag gekommen, an dem ich meine eigene Firma gründete. Es war ein Sprung ins kalte Wasser, aber ich war bereit, mich dem Unbekannten zu stellen und alles zu geben. Ich verpflichtete mich dazu, indem ich meinen bestehenden Job komplett aufgab und so meine volle Zeit und Energie nur meiner Firma widmete. „Einen bestehenden und gut bezahlten Job von heute auf morgen aufgeben, um mit bloßen Händen zu stehen, sie muss doch verrückt sein!“ Das haben sich viele aus meinem Umfeld gedacht. Ich muss gestehen, dieser Gedanke hat mich selber sehr lange beschäftigt, doch dann habe ich den Entschluss gefasst und mich diesen Schritt getraut. Denn ich wusste: ich muss ein Commitment abgeben. Und solange meiner Komfortzone im bestehenden Job zu groß ist, werde ich die Idee mit meiner eigenen Firma nur halbherzig verfolgen und mich bei dem ersten Hindernis zurücklehnen und von dem Sicherheitsnetz meines Jobs auffangen lassen.

Die ersten Monate waren hart und ich musste viel lernen, aber nach und nach begann meine Firma zu wachsen und ich konnte sehen, wie sich meine harte Arbeit auszahlte. Ich traf neue Leute, knüpfte wertvolle Kontakte und hatte die Möglichkeit, mich persönlich und beruflich weiterzuentwickeln.

Heute blicke ich zurück und bin so dankbar dafür, dass ich meine Ängste überwunden und den Mut gefunden habe, meine Träume zu verwirklichen. Ich habe gelernt, dass das Leben außerhalb der Komfortzone wirklich aufregend sein kann und dass die größten Chancen und Erfahrungen oft auf uns warten, wenn wir bereit sind, Risiken einzugehen und uns neuen Herausforderungen zu stellen.

Lass uns nun gemeinsam zum nächsten Kapitel gehen!

Wovon träumst du?

"Unsere Träume können uns in Situationen führen, in denen wir uns niemals vorgestellt hätten. Unsere Träume können uns dazu bewegen, mehr zu sein, als wir jemals für möglich gehalten haben."

Emily Tisch Sussman

Eines der wichtigsten Dinge im Leben ist es, Ziele und Träume zu haben und sie auch zu verfolgen. Deshalb ist es im zweiten Schritt wichtig, dass es dir klar wird, was du eigentlich wirklich möchtest.

Ziele sind in der Regel konkret und messbar, während Träume oft eher abstrakt und unklar sind. Ziele können in kleine Schritte unterteilt werden, um sie einfacher zu erreichen, während Träume oft als ein Gesamtbild gesehen werden, das schwer in kleine Teile zu unterteilen ist.

Ein Beispiel für ein Ziel könnte sein: "Ich möchte in den nächsten sechs Monaten fünf Kilo abnehmen." Dieses Ziel ist spezifisch, messbar und hat eine klare Deadline. Es kann auch in kleinere Schritte unterteilt werden, wie z.B. eine Änderung der Ernährung und mehr Bewegung.

Ein Beispiel für einen Traum könnte sein: "Ich möchte eines Tages ein Buch schreiben." Dieser Traum ist abstrakter und weniger konkret, es gibt keine klare Deadline und es ist schwer in kleinere Schritte zu unterteilen. Es kann jedoch in ein Ziel umgewandelt werden, indem man sich kleine Schritte setzt, wie z. B. jeden Tag eine bestimmte Anzahl von Worten zu schreiben oder ein bestimmtes Thema für das Buch zu wählen.

Es ist wichtig, sowohl Ziele als auch Träume zu haben und sich darauf zu konzentrieren, sie zu erreichen. Wenn man Ziele erreicht, kann dies das Selbstvertrauen und die Motivation stärken, um auch größere Träume zu verfolgen. Und wenn man an Träumen arbeitet, kann dies die Fantasie und Kreativität anregen und neue Möglichkeiten eröffnen.

Was soll ich tun, wenn ich nicht weiß, was ich möchte?

Ich habe oft Kursteilnehmerinnen, die bei diesem Abstand zu mir kommen und die Frage stellen: „Was, wenn ich (noch) gar nicht weiß, was ich unbedingt möchte?“

Das ist eine sehr berechtigte Frage. Denn wir leben in einer Gesellschaft, die uns ständig sagt, was wir erreichen und wovon wir träumen sollen. Wir haben eine Vorstellung davon, wie unser Leben aussehen soll, basierend auf dem, was wir von anderen Menschen sehen oder hören. Aber was ist, wenn wir das Gefühl haben, dass uns all diese Dinge nicht erfüllen? Was ist, wenn wir uns fragen, ob das wirklich unser Traum ist oder ob es nur das ist, was von uns erwartet wird?

"Dein Zweck in diesem Leben ist, zu entdecken, wer du wirklich bist, und dich zu entscheiden, dass du das Leben willst, das du dir wünschst."

Oprah Winfrey

Es ist völlig in Ordnung, wenn du noch nicht weißt, was du unbedingt möchtest. Viele Menschen haben nicht den perfekten Plan, wenn es um ihre Zukunft geht. In der Tat sind viele erfolgreiche Menschen nicht auf Anhieb erfolgreich geworden, sondern haben sich auf ihrem Weg ausprobiert und sind durch Rückschläge und Fehler gegangen, bevor sie ihr Ziel erreicht haben.

"Verwirrung ist der Beginn der Klarheit."

Sri Chinmoy

Es ist normal, sich in einer Phase der Verwirrung zu befinden, wenn man nicht sicher ist, was man im Leben erreichen möchte oder welchen Weg man einschlagen soll. Diese Verwirrung kann jedoch auch als Chance betrachtet werden, um Klarheit zu gewinnen und sich auf den Weg zu bringen, der zum persönlichen Erfolg und Glück führt. Es ist wichtig, die Verwirrung nicht als Hindernis oder Frustration zu betrachten, sondern als Möglichkeit, um sich selbst besser kennenzulernen und die eigenen Ziele und Wünsche zu definieren.

"Jeder von uns hat eine innere Stimme, die uns sagt, was wirklich wichtig ist. Das Problem ist, dass wir manchmal so beschäftigt sind, dass wir nicht zuhören."

Stephen Covey

Wenn wir uns Zeit nehmen, um in uns hineinzuhören und uns auf unsere innere Stimme zu konzentrieren, können wir unsere wahren Träume und Ziele im Leben entdecken. Das erfordert jedoch Zeit und eine bewusste Anstrengung, um unsere Gedanken und Prioritäten zu sortieren und zu reflektieren, was wirklich wichtig für uns ist.

Deshalb sollten wir uns regelmäßig Zeit nehmen, um uns zu fragen, was uns wirklich wichtig ist und was uns erfüllt. Indem wir uns auf unsere innere Stimme konzentrieren und ihr zuhören, können wir unsere Träume und Ziele entdecken und beginnen, unser Leben in eine Richtung zu lenken, die uns erfüllt und glücklich macht.

Ich gebe zu, es ist gar nicht so einfach auf seine innere Stimme zu hören. Vor allem, wenn man sich zwanghaft dadurch erhofft, die richtige Antwort auf die komplexe Frage zu erhalten. Vielmehr handelt es sich hierbei um einen Prozess, der Zeit benötigt. Zeit, um in sich zu gehen und im Alltag auf die Signale der inneren Stimme zu horchen. Hier kann ich dir regelmäßiges Meditieren empfehlen. Meine persönliche Erfahrung zeigt, dass es einem wirklich hilft, seine innere Stimme zu hören und seinem wahren Ich näherzukommen. Wenn du noch nie meditiert hast, dann kann ich dir begleitete Meditationen mithilfe eines Smartphone-App empfehlen. Ich selber nutze bereits seit mehreren die App „Headspace“.

Zusätzlich zum Meditieren, kann ich dir die folgenden Übungen empfehlen, um deine wahren Träume zu erkennen.

» Notiere deine Interessen und Leidenschaften. Was macht dich glücklich? Was motiviert dich?

» Gönne dir eine Pause und Distanz. Weißt du noch, wie er englische Mathematiker und Physiker Sir Isaac Newton die Gravitation entdeckt hat? Im Jahr 1665 saß er unter einem Apfelbaum und ein Apfel fiel auf seinen Kopf. Damit will ich nicht sagen, dass du dich unter einen Apfelbaum setzen und auf einen Gedankenblitz warten solltest. Nein, damit möchte ich sagen, dass manchmal die besten Ideen aus dem Nichts kommen, denn in Pausen gönnst du deinem Gehirn eine kreative Auszeit, in der es sich so richtig austoben kann.

» Probiere verschiedene Dinge aus. Wann hast du das letzte Mal eine neue Sportart ausprobiert oder etwas komplett Außergewöhnliches gemacht? So lernst du neue Dinge kennen und erweckst eventuell eine neue Leidenschaft ini dir.

» Lies mehr Bücher, vor allem Romane. Sie lassen uns nämlich in eine kreative Parallelwelt abtauchen und regen einen kreativen Denkprozess an.

Denken Sie daran, dass Ihre Reise einzigartig ist und dass es keine Eile gibt. Nehme dir so viel Zeit wie nötig, um herauszufinden, was du wirklich möchtest, und geh dann Schritt für Schritt vor. Am Ende wirst du überrascht sein, was du entdecken und erreichen kannst, wenn du es dir erlaubst, nach deinem wahren Zweck zu suchen.

Vom Großen zum Kleinen

Sobald du einmal deine großen Träume gefunden hast, geht es darum diese mithilfe von Zielen zu konkretisieren.

Ziele sind der Schlüssel zur Umsetzung unserer Träume. Wenn wir unsere Träume in konkrete Ziele umwandeln, geben wir uns selbst eine klare Richtung und einen Plan, wie wir unsere Visionen verwirklichen können. Doch wie genau können wir unsere Träume in Ziele umwandeln?

Zunächst sollten wir uns klar machen, dass es verschiedene Kategorien von Zielen gibt: langfristige, mittelfristige und kurzfristige. Langfristige Ziele richten sich an einen Zeitraum von ca. 10-20 Jahren, mittelfristige an einen Zeitraum von ca. 3-10 Jahren und kurzfristige an einen Zeitraum von 0-3 Jahren.

Fang am besten mit den langfristigen Zielen an und arbeite dich runter zu den kurzfristigen Zielen. Dazu kannst du die folgenden Leitfragen verwenden: Was möchten wir in unserem Leben erreichen? Wie möchten wir uns weiterentwickeln? Welche Träume möchten wir verwirklichen? Schreibe diese Ziele auf und überlege, welche Schritte notwendig sind, um diese Ziele zu erreichen.

Eine gute Möglichkeit, um Ziele zu definieren, ist die SMART-Methode. SMART steht für spezifisch, messbar, erreichbar, relevant und zeitgebunden. Formuliere deine Ziele also so konkret wie möglich, mache sie messbar und realistisch, und lege einen Zeitrahmen fest, innerhalb dessen du sie erreichen möchtest. Außerdem solltest du konkret werden. Wenn du sagst, dass du "mehr Geld verdienen" oder "glücklicher sein" willst, dann ist das nicht spezifisch genug. Definiere stattdessen klare Ziele wie "eine Gehaltserhöhung von 10%" oder "dreimal pro Woche Sport treiben". Konkrete Ziele helfen dir, fokussiert zu bleiben und auch kleine Fortschritte zu erkennen.

Nun geht es darum, diese Ziele in kleinere Schritte zu unterteilen. Welche Zwischenziele musst du erreichen, um deine langfristigen bis kurzfristigen Ziele zu verwirklichen? Überlege, welche Aktionen du in den nächsten Wochen oder Monaten unternehmen musst, um diesen Zwischenzielen näherzukommen.

Eine weitere wichtige Sache, die es zu berücksichtigen gilt, ist die Überprüfung deiner Ziele. Überprüfe regelmäßig, ob du auf dem richtigen Weg bist, ob deine Ziele noch realistisch sind und ob du deine Strategien gegebenenfalls anpassen musst.

Als letzten Punkt möchte ich dir noch mitgeben, dass harte Arbeit unter Umständen dazugehört, um deine Ziele und Träume zu verwirklichen: Es kann sein, dass du neue Fähigkeiten lernen oder Geld investieren musst, um Schritt für Schritt voranzukommen.

Zum Abschluss noch ein Zitat von Tony Robbins: "Ziele sind wie Magneten. Sie ziehen dich in Richtung ihrer Erfüllung." Durch das Setzen von klaren Zielen und das Verfolgen dieser Ziele ziehen wir die Dinge an, die wir brauchen, um unsere Träume zu verwirklichen.

Deine Träume

Notiere so viele deiner Träumer wie möglich! Auch wenn sie im ersten Augenblick albern erscheinen sollten.

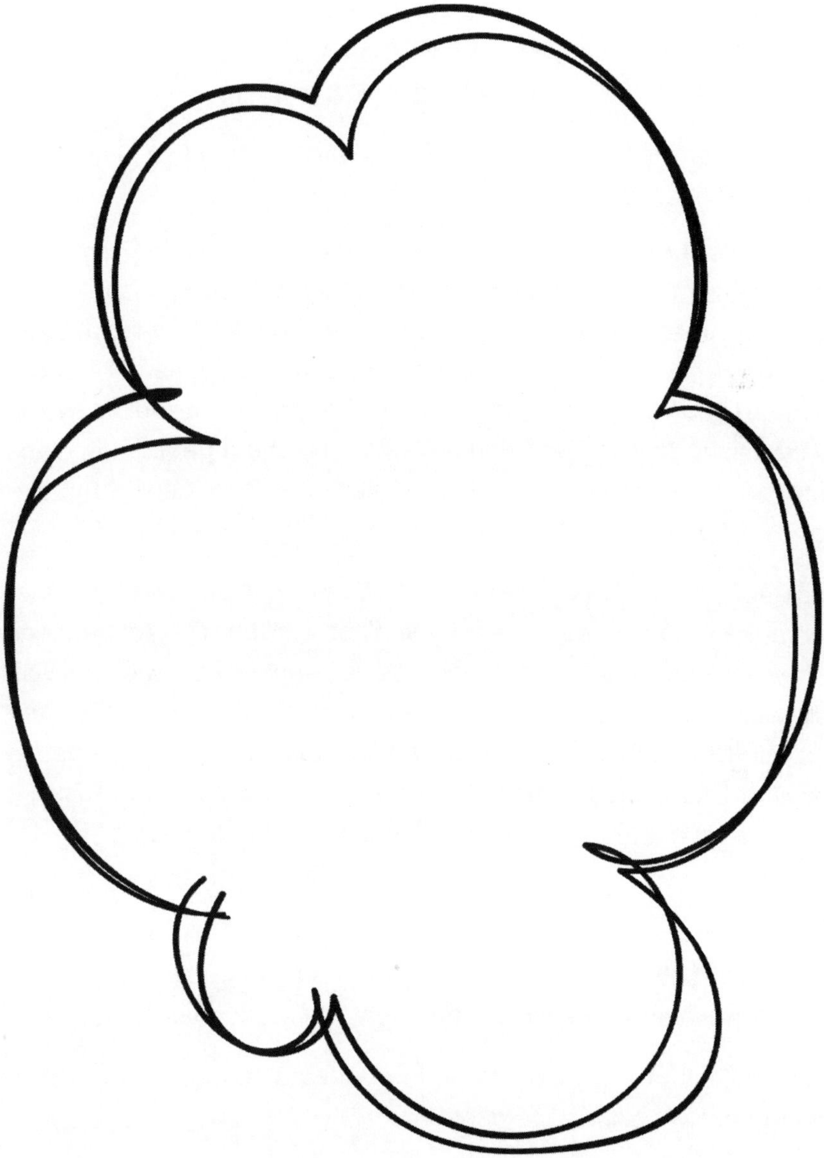

Deshalb hast du Selbstzweifel und Ängste

Nachdem du dir jetzt über deine Träume und Ziele bewusst geworden bist, geht es nun darum herauszufinden, welche Selbstzweifel und Ängste auf deiner Reise auftreten können. Es ist wichtig, sich darüber ganz zu Beginn Gedanken zu machen, denn nur so werden sie dir auf deinem Weg kein Hindernis darstellen.

Lass uns zunächst betrachten, was Selbstzweifel und Ängste überhaupt sind.

Selbstzweifel sind negative Gedanken, die uns selbst in Frage stellen und uns daran hindern, an unsere Fähigkeiten und unser Potenzial zu glauben. Sie können sich in verschiedenen Situationen zeigen, wie zum Beispiel im Beruf, in zwischenmenschlichen Beziehungen oder auch bei persönlichen Zielen. Ein Beispiel für Selbstzweifel könnte sein, dass jemand denkt: "Ich bin nicht gut genug, um diese Aufgabe zu erledigen", oder "Ich bin nicht intelligent genug, um diesen Kurs zu bestehen."

Ängste sind negative Emotionen, die durch die Wahrnehmung einer Bedrohung oder eines Risikos ausgelöst werden. Sie können sich auf verschiedene Bereiche unseres Lebens auswirken, wie zum Beispiel auf unsere Beziehungen, unsere Karriere oder unsere Gesundheit. Ein Beispiel für Ängste könnte sein, dass jemand Angst hat, in sozialen Situationen aufzutreten oder zu sprechen, oder dass jemand Angst hat, eine bestimmte Krankheit zu bekommen.

Es ist wichtig zu verstehen, dass Selbstzweifel und Ängste normal sind und jeder Mensch sie in unterschiedlichem Ausmaß erlebt. Es ist jedoch auch wichtig, Wege zu finden, um sie zu bewältigen und unser Selbstvertrauen und unsere mentale Gesundheit zu stärken.

Deshalb lass uns auf ein bewährtes Schema schauen, um Ängste und Selbstzweifel loszuwerden:

Akzeptiere Deine Gedanken und Gefühle.

Es ist normal, dass wir uns manchmal unsicher und ängstlich fühlen. Akzeptiere deine Gedanken und Gefühle als Teil von dir. Statt dagegen anzukämpfen, lerne sie anzunehmen und zu verstehen.

Übe Selbstmitgefühl und liebevollen Umgang mit dir selbst. Sei freundlich und nachsichtig mit dir selbst, wenn du Fehler machst oder nicht perfekt bist. Übe dich darin, deine eigenen Bedürfnisse und Grenzen wahrzunehmen und zu respektieren.

Analysiere deine Gedanken.

Frage dich, was deine Selbstzweifel und Ängste auslöst. Welche Gedanken kommen dir in den Sinn, wenn du dich unsicher oder ängstlich fühlst? Indem du diese Gedanken analysierst, kannst du lernen, sie zu verstehen und sie zu verändern. Schreibe hier am besten die ersten Gedanken auf, die du mit deinen Ängsten und Selbstzweifeln verbindest:

Gedanke	**Selbstzweifel**	**Angst**
______________________________	○	○
______________________________	○	○
______________________________	○	○
______________________________	○	○
______________________________	○	○

Aber warum haben wir überhaupt Selbstzweifel und Ängste? Zunächst möchte ich mit dir untersuchen, woher diese negativen Gedanken kommen und wie du lernen kannst, sie loszuwerden.

Zunächst einmal müssen wir verstehen, dass Selbstzweifel und Ängste ein natürlicher Teil des menschlichen Lebens sind. Jeder hat irgendwann Zweifel an sich selbst oder wird von Ängsten überwältigt. Es ist wichtig zu erkennen, dass du nicht allein bist, wenn du dich so fühlst. Viele Menschen durchleben ähnliche Erfahrungen, auch wenn sie es nicht immer zugeben.

Es gibt viele Gründe, warum wir Selbstzweifel und Ängste haben können. Die vier wichtigsten hierbei sind:

» Mangel an Selbstvertrauen

» vergangene Erfahrungen

» die Erziehung im Kindesalter

» das aktuelle Umfeld

Eine der häufigsten Ursachen ist ein Mangel an Selbstvertrauen. Wenn wir nicht genügend Vertrauen in uns selbst haben, fühlen wir uns unsicher und zweifeln an unseren Fähigkeiten. Dieses Phänomen ist öfters bei introvertierten Personen zu beobachten, wobei auch extrovertierte Personen davon betroffen sein können. Vor allem wenn wir eine unbekannte Aufgabe lösen wollen oder eine Aufgabe in der Vergangenheit nicht richtig ausgeführt haben, kann mangelndes Selbstvertrauen auftreten.

Eine weitere Ursache kann darin liegen, dass wir negative Erfahrungen in der Vergangenheit gemacht haben. Wenn wir schlechte Erfahrungen gemacht haben, kann dies dazu führen, dass wir Angst haben, wieder dasselbe zu erleben.

Die dritte Ursache für Selbstzweifel und Ängste kann in unserer Erziehung liegen. Vielleicht haben uns Eltern kritisiert und ständig gesagt, dass du etwas nicht kannst oder du für etwas nicht gut genug bist.

Die letzte Ursache für Selbstzweifel kann das Umfeld sein. Werden wir ständig in unserem Leben von wichtigen Personen kritisiert oder wird uns gesagt, dass wir nicht gut genug sind, so färbt sich das auf unsere innere Einstellung ab. Oder vielleicht haben wir in einer Umgebung gelebt, in der Perfektionismus und Erfolg das Wichtigste waren und wir uns ständig unter Druck gesetzt gefühlt haben.

Für jede der vier Ursachen habe ich dir im folgenden Abschnitt mögliche Schritte notiert, um die Ursachen zu bekämpfen:

1. **Mangelndes Selbstvertrauen:**

a) Schreibe eine Liste mit all deinen Erfolgen und Stärken. Zu diesem Punkt kommen wir aber noch ausführlich in einem anderen Kapitel.

b) Überlege dir, was du gut machst und was dir Freude bereitet.

c) Achte darauf, was du sagst und denkst, wenn du über dich selbst sprichst und notiere dir negative Gedanken. Versuche diese Gedanken in positive umzukehren und sage dir laut, was du gut gemacht hast.

2. **Negative Erfahrungen in der Vergangenheit**:

a) Analysiere die Erfahrung und schreibe auf, was genau passiert ist und wie es dich beeinflusst hat.

b) Überlege dir, wie du in Zukunft mit ähnlichen Situationen umgehen könntest.

c) Suche dir Unterstützung durch Freunde oder professionelle Hilfe, wenn du das Gefühl hast, dass du alleine nicht weiterkommst.

3. **Erziehung**:

a) Schreibe auf, was du als Kind oft zu hören bekommen hast und wie es dich beeinflusst hat.

b) Überlege dir, welche Auswirkungen das auf dein Selbstbild und dein Selbstwertgefühl hat.

c) Schreibe positive Affirmationen auf, die du dir regelmäßig laut vorlesen kannst, um dein Selbstbild positiv zu beeinflussen. Hier zwei Beispiel für positive Affirmationen:

„Ich bin voller Kraft und Energie, und ich vertraue auf meine Fähigkeit, meine Ziele zu erreichen."

„Ich bin ein wertvoller Mensch und ich akzeptiere mich selbst so, wie ich bin."

"Denken Sie daran, dass all Ihre Gedanken letztendlich zu Ihrem Handeln führen. Wenn Sie Ihre Gedanken ändern, ändern Sie Ihre Welt."

Louise Hay

4. **Umfeld**:

a) Überprüfe, wer und was dich umgibt. Frage dich, ob deine Freunde und Familie dich unterstützen und ermutigen oder ob sie dich kritisieren und demotivieren.

b) Überlege dir, ob du etwas ändern musst, um in einem positiven Umfeld zu sein, das dich unterstützt und motiviert.

c) Finde Gleichgesinnte, die dich verstehen und unterstützen, um deine Ängste und Selbstzweifel zu überwinden.

Zum Schluss habe ich dir vier allgemeine Übungen notiert, die gegen Ängste und Selbstzweifel helfen: das sogenannte Reframing, das

Hinterfragen, Selbstgesprächsroutinen und Angst-Expositionsübungen.

- » Reframing bedeutet, eine Situation aus einer anderen Perspektive zu betrachten. Wenn du dich unsicher oder ängstlich fühlst, frage dich, ob es auch eine positive Sichtweise gibt. Vielleicht kannst du so die Situation als eine Chance betrachten, zu lernen und zu wachsen.

"Zweifel sind die Vorboten des Erfolgs"

Oscar Wilde

- » Erkenne deine Selbstzweifel an und hinterfrage sie. Schreibe auf, welche Selbstzweifel und Ängste du hast und woher sie kommen könnten. Hinterfrage diese Gedanken und finde heraus, ob sie wirklich der Realität entsprechen oder ob sie von inneren Überzeugungen oder Erfahrungen geprägt sind.
- » Entwickle eine positive Selbstgesprächsroutine: Achte auf deine innere Stimme und wie du mit dir selbst sprichst. Wenn du negative Selbstgespräche bemerkst, versuche, sie in positive und unterstützende Aussagen umzuformulieren. Zum Beispiel: „Ich kann das nicht" kann zu „Ich werde mein Bestes geben und sehen, was passiert" umformuliert werden.
- » Mache eine Angst-Expositionsübung: Wähle eine deiner Ängste aus und stelle dich ihr aktiv. Beginne mit kleineren Schritten und arbeite dich zu größeren Herausforderungen vor. Zum Beispiel, wenn du Angst vor öffentlichem Sprechen hast, kannst du zunächst versuchen, vor einer kleinen Gruppe zu sprechen und dann zu größeren Gruppen aufsteigen.

Und keine Sorge: sollte es auf Anhieb nicht mit der Angst- und Selbstzweifelbewältigung klappen, so wirst du in den nächsten Kapiteln andere Hilfsmittel kennenlernen, um sie loszuwerden.

Negative Glaubenssätze – so wirst du frei

Im letzten Kapitel haben wir uns mit Ängsten und Selbstzweifeln beschäftigt. In diesem Kapitel möchte ich deine Aufmerksamkeit auf negative Glaubenssätze richten.

Wir alle haben sie – negative Glaubenssätze. Diese inneren Überzeugungen, die uns oft daran hindern, unser volles Potential zu entfalten, denn sie beeinflussen unser Selbstbild und unser Verhalten in einer negativen Art und Weise. Vielleicht hast du schon einmal gedacht, dass du nicht gut genug bist oder dass du nicht das Recht hast, glücklich zu sein. Diese negativen Glaubenssätze sind in der Regel tief verwurzelt und haben oft ihren Ursprung in unserer Kindheit oder in früheren Erfahrungen. Negative Glaubenssätze können in vielen Lebensbereichen entstehen, wie z. B. in der Familie, in Beziehungen, in der Schule oder am Arbeitsplatz. Um uns von diesen einschränkenden Überzeugungen zu befreien, müssen wir sie erst erkennen und hinterfragen. In diesem Kapitel möchten wir uns damit auseinandersetzen, wie du negative Glaubenssätze erkennen und loswerden kannst, um dein volles Potential zu entfalten und ein erfülltes Leben zu führen.

Einschätzungen unserer selbst und unserer Fähigkeiten sind oft das Ergebnis von Erfahrungen und Erlebnissen, die wir in unserer Kindheit und Jugend gemacht haben. Der berühmte Psychoanalytiker Sigmund Freud sagte:

"Die Stimme der Vernunft ist leise, aber sie ruht nicht, ehe sie sich Gehör verschafft hat."

Unsere inneren Stimmen können sowohl unsere größten Befürworter als auch unsere schärfsten Kritiker sein. Es liegt an uns, zu entscheiden, welcher Stimme wir Gehör schenken wollen.

Negative Glaubenssätze erkennen

Der erste Schritt, um negative Glaubenssätze loszuwerden, ist, sie zu erkennen. Oft sind sie so tief verwurzelt, dass wir sie gar nicht bewusst wahrnehmen. Es kann hilfreich sein, sich bewusst zu machen, welche Gedanken und Überzeugungen man über sich selbst hat. Welche Sätze kommen einem immer wieder in den Kopf, wenn man über sich selbst nachdenkt? Notiere sie und versuche zu erkennen, welche davon dich blockieren und hindern, dein volles Potential zu entfalten.

Um negative Glaubenssätze zu erkennen, ist es wichtig, auf die Sprache zu achten, die wir verwenden, wenn wir über uns selbst sprechen oder denken. Achte auf deine Sprache und deine Ausdrucksweise. Verwendest du oft Worte wie "nie", "immer", "ich kann das nicht", "ich bin nicht gut genug"? Diese Worte können Hinweise darauf sein, dass du an dir selbst zweifelst. Jedes Mal, wenn du solche Gedanken hast, halte einen Moment inne und hinterfrage, woher sie kommen und ob sie wahr sind.

Ein weiterer Schritt zur Erkennung negativer Glaubenssätze besteht darin, sich bewusst zu werden, wie sie sich auf unser Verhalten auswirken. Oftmals verhindern sie, dass wir uns auf neue Erfahrungen und Herausforderungen einlassen oder unsere Träume und Ziele verfolgen. Der amerikanische Schriftsteller und Philosoph Henry David Thoreau sagte: "Was vor uns liegt und was hinter uns liegt, sind Kleinigkeiten im Vergleich zu dem, was in uns liegt." Um das volle Potenzial unseres inneren Selbst zu entfesseln, müssen wir uns von den Ketten der negativen Glaubenssätze befreien.

Manchmal sind es die Menschen um uns herum, die uns in unserem Denken beeinflussen. Umgebungen, die von Kritik und Negativität geprägt sind, können negative Glaubenssätze verstärken. Um dem entgegenzuwirken, sollten wir uns mit Menschen umgeben, die uns unterstützen, ermutigen und inspirieren. Wie die erfolgreiche Unternehmerin und Autorin Arianna Huffington sagt:

"Wir sind alle auf der Suche nach einem erfüllten Leben, und wenn wir uns mit Menschen umgeben, die das Beste in uns zum Vorschein bringen, sind wir bereits auf dem richtigen Weg."

Ein weiteres wirksames Mittel zur Erkennung negativer Glaubenssätze ist das Führen eines Tagebuchs. Indem du regelmäßig deine Gedanken und Gefühle niederschreibst, kannst du Muster in deinem Denken erkennen und feststellen, welche Glaubenssätze dich in deinem Leben einschränken. Schriftstellerin Anais Nin sagte:

"Wir schreiben, um den Geschmack des Lebens doppelt auszukosten."

Nutze die Kraft des Schreibens, um die negativen Glaubenssätze in deinem Leben zu identifizieren und dich von ihnen zu lösen.

Lass uns im folgenden Abschnitt auf gängige negative Glaubenssätze anschauen und woher sie kommen können.

"Ich bin nicht gut genug"

a. Erziehung und soziales Umfeld: Eltern, Lehrer und andere Bezugspersonen in der Kindheit können hohe Erwartungen und Standards setzen. Wenn wir diesen Standards nicht gerecht werden, kann das zu dem Glaubenssatz führen, dass wir nicht gut genug sind.

b. Vergleich mit anderen: In unserer Leistungsgesellschaft ist der Vergleich mit anderen allgegenwärtig. Soziale Medien verstärken diesen Effekt. Durch ständigen Vergleich kann das Gefühl entstehen, nicht gut genug zu sein, weil es immer jemanden gibt, der vermeintlich besser ist.

c. Traumatische Ereignisse: Erfahrungen wie Trennungen, Jobverlust oder persönliches Scheitern können dazu führen, dass wir uns selbst abwerten und den Glaubenssatz "Ich bin nicht gut genug" verinnerlichen.

"Ich bin nicht liebenswert"

a. Erziehung und familiäres Umfeld: Wenn Eltern oder Bezugspersonen in der Kindheit wenig Liebe und Zuneigung zeigen oder gar emotionalen Missbrauch ausüben, kann dies das Gefühl vermitteln, nicht liebenswert zu sein.

b. Frühere Beziehungen: Erfahrungen in früheren romantischen Beziehungen, wie Trennungen, Untreue oder emotionale Vernachlässigung, können dazu führen, dass man sich selbst als nicht liebenswert betrachtet.

c. Ablehnung und Mobbing: Erlebnisse von Ablehnung, Mobbing oder sozialer Ausgrenzung können das Selbstwertgefühl schmälern und zu dem Glauben führen, dass man nicht liebenswert ist.

"Ich bin es nicht wert, glücklich zu sein"

a. Schuldgefühle: Menschen können sich aufgrund von Fehlern oder Versäumnissen in der Vergangenheit schuldig fühlen und glauben, dass sie es nicht verdienen, glücklich zu sein.

b. Traumatische Erfahrungen: Traumatische Erlebnisse wie Missbrauch, Verlust oder Krankheit können das Selbstwertgefühl beeinträchtigen und zu dem Glauben führen, dass man das Glück nicht verdient hat.

c. Erziehung und soziales Umfeld: Ein strenges oder negativ geprägtes Umfeld, in dem Selbstlosigkeit und Opferbereitschaft betont werden, kann dazu führen, dass Menschen glauben, sie hätten kein Recht auf persönliches Glück.

Negative Glaubenssätze überwinden

Nachdem du deine negativen Glaubenssätze erkannt hast, geht es darum, sie zu überwinden. Eine Möglichkeit ist, sie bewusst zu hinterfragen und zu überprüfen, ob sie tatsächlich der Realität entsprechen. Oft sind negative Glaubenssätze nur eine Verzerrung der Wahrheit und haben keine tatsächliche Grundlage. Frage dich also, ob der negative Glaubenssatz wirklich stimmt oder ob es nur eine negative Überzeugung ist, die du übernommen hast.

Sollte das nicht helfen, so kannst du die negativen Glaubenssätze durch positive, unterstützende Überzeugungen ersetzen. Eine effektive Methode besteht darin, die negativen Glaubenssätze zu visualisieren und ihnen positive Affirmationen entgegenzusetzen. Wie die berühmte Schauspielerin und Model Marilyn Monroe sagte:

"Wege deine Worte sorgfältig ab, denn sie werden Handlungen. Wiege deine Handlungen sorgfältig ab, denn sie werden Gewohnheiten."

Schreibe dir dafür positive Sätze auf, die dir helfen, deine negativen Glaubenssätze zu überwinden. Wiederhole sie täglich und versuche, sie zu verinnerlichen. Zum Beispiel:

- "Ich bin wertvoll und wichtig"
- "Ich kann alles erreichen, was ich will"
- "Ich bin gut genug, so wie ich bin"

Es kann auch hilfreich sein, sich mit anderen Menschen auszutauschen und sich Unterstützung zu suchen. Sprich mit Freunden oder Familie über deine negativen Glaubenssätze und suche gemeinsam nach Lösungen.

Diese negativen Glaubenssätze werden dich nicht mehr stören:

	Negativer Glaubenssatz	Positive Formulierung
I.	______________________	______________________
II.	______________________	______________________
III.	______________________	______________________
IV.	______________________	______________________
V.	______________________	______________________
VI.	______________________	______________________
VII.	______________________	______________________
VIII.	______________________	______________________

Selbstliebe und Selbstwertgefühl entfachen

Selbstliebe und Selbstwertgefühl sind zwei Begriffe, die oft synonym verwendet werden, aber dennoch unterschiedliche Bedeutungen haben. Selbstliebe bezieht sich auf die Art und Weise, wie man sich selbst behandelt und wertschätzt, während Selbstwertgefühl die Bewertung und Einschätzung der eigenen Fähigkeiten, Eigenschaften und des Selbstbildes darstellt. Es ist jedoch wichtig, dass beide Begriffe eng miteinander verknüpft sind und eine entscheidende Rolle bei der Entwicklung eines gesunden Selbstbewusstseins spielen.

"Liebe dich selbst und alles fügt sich."

Rumi

In unserer Gesellschaft wird oft der Fokus auf die Liebe und Wertschätzung anderer Menschen gelegt und wir vergessen, dass die Beziehung zu sich selbst genauso wichtig ist. Selbstliebe und Selbstwertgefühl sind nicht nur für das persönliche Wohlbefinden und Glücklichsein von entscheidender Bedeutung, sondern auch für die Beziehungen zu anderen Menschen und den Erfolg im (Berufs-)leben.

"Du kannst nicht selbstlos sein, ohne dich selbst zu lieben."

Paulo Coelho

Es ist daher wichtig, an der Entfachung der Selbstliebe und des Selbstwertgefühls zu arbeiten. Dies kann jedoch eine Herausforderung sein, insbesondere wenn man in der Vergangenheit schwierige Erfahrungen gemacht hat oder von anderen Menschen kritisiert oder abgewertet wurde.

Negative Auswirkungen

Hier sind einige mögliche negative Auswirkungen, wenn man keine Selbstliebe zu sich selbst empfindet:

- » Niedriges Selbstwertgefühl: Wenn man keine Selbstliebe empfindet, kann das zu einem niedrigen Selbstwertgefühl führen. Man fühlt sich nicht gut genug und hat das Gefühl, dass man immer etwas falsch macht.

- » Mangelndes Selbstvertrauen: Ohne Selbstliebe fehlt oft das nötige Selbstvertrauen, um Entscheidungen zu treffen oder Risiken einzugehen. Man zweifelt an sich selbst und an seinen Fähigkeiten.

- » Unzufriedenheit und negative Gedanken: Ohne Selbstliebe ist es schwieriger, mit negativen Gedanken umzugehen. Man kann sich leicht in eine Abwärtsspirale begeben, in der man immer negativer über sich selbst denkt und sich immer unzufriedener fühlt.

- » Beziehungsprobleme: Eine fehlende Selbstliebe kann sich auch auf Beziehungen auswirken. Man kann sich unsicher fühlen und Angst haben, abgelehnt oder verlassen zu werden. Dadurch können Beziehungen leiden und man kann Schwierigkeiten haben, positive und gesunde Beziehungen aufzubauen.

Es ist wichtig zu verstehen, dass Selbstliebe kein Luxus ist, sondern ein grundlegender Bestandteil des Wohlbefindens und des Glücks im Leben. Wenn man sich selbst liebt und respektiert, ist es einfacher, positive Beziehungen aufzubauen und ein erfülltes Leben zu führen

"Du selbst, so wie du dich selbst siehst, ist genau das, was du anderen zeigst."

Zen-Weisheit

Notwendige Schritte, um Selbstliebe zu erlangen

Um die Selbstliebe und das Selbstwertgefühl zu entfachen, gibt es einige praktische Schritte, die man unternehmen kann:

» Nimm dich selbst an: Akzeptiere dich so, wie du bist, mit all deinen Stärken und Schwächen. Vermeide es, dich selbst mit anderen zu vergleichen oder dich selbst zu kritisieren. Jeder ist einzigartig und hat seine eigenen Stärken und Schwächen.

» Pflege deine Beziehung zu dir selbst: Nimm dir Zeit für dich selbst und tue Dinge, die dir Freude bereiten und dich glücklich machen. Dies kann alles sein, von einem entspannenden Bad bis hin zu einem Hobby oder einer Sportart, die dir Spaß macht.

» Achte auf deine Gedanken: Negative Gedanken können dein Selbstwertgefühl beeinträchtigen. Versuche stattdessen, positiv zu denken und dich auf deine Stärken und Erfolge zu konzentrieren. Eine positive Einstellung kann Wunder bewirken.

» Behandle dich selbst mit Respekt: Behandle dich selbst so, wie du von anderen behandelt werden möchtest. Respektiere deine eigenen Bedürfnisse und Grenzen und setze klare Grenzen, wenn du dich unwohl oder unangenehm fühlst.

» Die Entfachung der Selbstliebe und des Selbstwertgefühls ist ein lebenslanger Prozess, der Geduld und Ausdauer erfordert. Aber die Mühe lohnt sich, denn wenn man sich selbst liebt und schätzt

Übungen

Hier sind vier Übungen, die dazu beitragen können, mehr Selbstliebe zu entwickeln:

1. Schreibe täglich drei Dinge auf, die du an dir selbst liebst. Diese können physische Eigenschaften, Charakterzüge oder Erfolge sein. Wiederhole diese Übung jeden Tag und füge neue Dinge hinzu, um deine Selbstliebe zu fördern.

2. Setze dich jeden Tag für mindestens 10 Minuten still hin und atme tief ein und aus. Versuche, deinen Geist von allen Gedanken und Sorgen zu befreien und dich nur auf deinen Atem zu konzentrieren. Stell dir danach die Dinge vor, die du an dir liebst und visualisiere sie in deinem Kopf so stark und detailliert wie möglich. Das kann helfen, dein Selbstbewusstsein zu stärken und mehr Selbstliebe zu entwickeln.

3. Übe Mitgefühl mit dir selbst. Wenn du das nächste Mal einen Fehler machst oder dich kritisierst, versuche, freundlich und mitfühlend mit dir selbst zu sprechen. Behandele dich selbst so, wie du einen guten Freund behandeln würdest und sei geduldig mit dir selbst. Das kann helfen, dein Selbstwertgefühl zu steigern und mehr Selbstliebe zu empfinden.

Diese Übungen erfordern Zeit und Kontinuität, aber sie können dazu beitragen, dass du dich besser fühlst und mehr Selbstliebe entwickelst.

Die Bedeutung von Selbstfürsorge

Selbstfürsorge ist ein Begriff, der in den letzten Jahren immer mehr an Bedeutung gewonnen hat. Es bedeutet, sich bewusst um sich selbst zu kümmern, für sich selbst zu sorgen und auf die eigene Gesundheit und das eigene Wohlbefinden zu achten. Die Bedeutung von Selbstfürsorge kann nicht genug betont werden, da sie essentiell für ein erfülltes Leben ist.

"Nichts ist wertvoller als das Wohlbefinden deiner Seele."

Marc Aurel

Eine der wichtigsten Möglichkeiten, um Selbstfürsorge für ein erfülltes Leben zu nutzen, ist es, sich regelmäßig Pausen zu gönnen. Das Leben kann oft hektisch und stressig sein, und es ist wichtig, Zeit für sich selbst zu finden, um wieder aufzutanken und sich zu erholen. Dazu können Aktivitäten wie Lesen, Spazierengehen, Meditieren oder einfach nur Ausruhen gehören.

Ein weiterer wichtiger Aspekt von Selbstfürsorge ist, sich auf die eigenen Bedürfnisse zu konzentrieren und sich selbst gut zu behandeln. Das kann bedeuten, dass man sich gesund ernährt, genug schläft und regelmäßig Sport treibt. Aber es kann auch bedeuten, sich selbst zu erlauben, Fehler zu machen und sich nicht zu sehr zu kritisieren.

"Wenn du dich selbst vernachlässigst, wirst du irgendwann nicht mehr in der Lage sein, dich um andere zu kümmern."

Jojo Moyes

Es ist wichtig zu verstehen, dass Selbstfürsorge kein egoistisches Konzept ist. Wenn man sich selbst gut behandelt und auf seine eigenen Bedürfnisse achtet, ist man in der Lage, anderen besser zu helfen und produktiver zu sein. Es ist eine Win-Win-Situation für alle Beteiligten.

"Es ist nicht egoistisch, sich selbst an die erste Stelle zu setzen, oder sich selbst zu lieben, sich selbst zu verwöhnen, sich selbst umarmen, sich selbst zu stärken, sich selbst anzuerkennen, sich selbst zu vergeben, sich selbst zu verwirklichen."

Steve Maraboli, Autor und Redner

Es kann schwierig sein, Selbstfürsorge in den Alltag zu integrieren, besonders wenn man dazu neigt, sich um andere mehr zu kümmern als um sich selbst. Hier sind einige Tipps, um mehr Selbstfürsorge zu praktizieren:

» Identifiziere deine Bedürfnisse und Prioritäten und richte dein Leben entsprechend aus.

» Setze Grenzen und sage "Nein", wenn du zu viel auf dich nimmst.

» Vermeide Selbstkritik und sei freundlich zu dir selbst.

» Finde Aktivitäten, die dir Freude bereiten und integriere sie regelmäßig in deinen Alltag.

» Achte auf deine körperlichen Bedürfnisse, indem du regelmäßig Sport treibst, ausreichend schläfst und dich ausgewogen ernährst. Nimm dir Zeit für entspannende Aktivitäten wie Yoga, Meditation oder ein warmes Bad.

» Erlaube dir, deine Gefühle zu spüren und auszudrücken, ohne sie zu unterdrücken. Führe ein Tagebuch, um deine Gedanken und Emotionen zu verarbeiten, und sprich mit Freunden oder Familie über das, was dich bewegt.

» Schaffe dir Raum für persönliches Wachstum, indem du regelmäßig liest, schreibst, meditierst oder kreative Aktivitäten ausübst. Setze klare Grenzen, um dich vor Stress und Burnout zu schützen.

» Pflege deine sozialen Beziehungen, indem du Zeit mit Freunden und Familie verbringst und dich mit anderen austauschst. Achte darauf, dass du ein unterstützendes soziales Netzwerk aufbaust, das dir hilft, in schwierigen Zeiten durchzuhalten.

» Widme dich spirituellen Praktiken oder Aktivitäten, die dir helfen, Sinn und Zweck in deinem Leben

Passend zu diesem Thema möchte ich dir die Geschichte einer meiner Kursteilnehmerinnen erzählen.

Eines Tages kam eine Teilnehmerin eines meiner Seminare zu mir, ihr Name war Lisa. Lisa war eine alleinerziehende Mutter von zwei Kindern und arbeitete als Krankenschwester in einem Krankenhaus. Sie war immer für andere da und hatte das Gefühl, dass sie nie genug Zeit für sich selbst hatte. Lisa war ständig gestresst, hatte keine Zeit für sich und war oft müde und erschöpft. In unserem Seminar zum Thema Selbstfürsorge erzählte sie uns, dass sie das Gefühl hatte, dass ihr Leben sich um die Bedürfnisse anderer drehte und dass sie sich selbst immer hintenanstellte.

Ich erkannte schnell, dass Lisa das Konzept der Selbstfürsorge noch nicht verstanden hatte und sich nicht bewusst war, wie wichtig es war, sich selbst an erste Stelle zu setzen. Wir begannen gemeinsam zu arbeiten und ich zeigte ihr, wie sie kleine Schritte unternehmen konnte, um sich mehr um sich selbst zu kümmern.

Lisa fing an, früher aufzustehen, um etwas Zeit für sich zu haben, bevor sie ihre Kinder zur Schule brachte. Sie begann auch, regelmäßig Yoga zu machen, was ihr half, sich zu entspannen und sich auf sich selbst zu konzentrieren. Lisa erkannte, dass sie nicht immer für alles und jeden da sein konnte und dass es wichtig war, Prioritäten zu setzen.

Nach ein paar Wochen begann Lisa, sich besser zu fühlen und mehr Energie zu haben. Sie hatte das Gefühl, dass sie endlich etwas für sich selbst tat und dass dies einen großen Unterschied in ihrem Leben machte. Sie begann, sich mehr um ihre Bedürfnisse und Wünsche zu kümmern und sich selbst zu akzeptieren und zu lieben.

Eines Tages, als ich in meinem Büro saß, erhielt ich einen Brief von Lisa. Darin schrieb sie mir, dass sie dankbar war, dass sie an meinem Seminar teilgenommen hatte und dass es ihr geholfen hatte, ihr Leben zu verändern. Sie schrieb, dass sie sich endlich frei und unabhängig fühlte und dass sie gelernt hatte, wie wichtig es war, sich um sich selbst zu kümmern.

Diese Geschichte zeigt, wie wichtig es ist, Selbstfürsorge zu praktizieren und wie es das Leben von Menschen verändern kann. Es ist nie zu spät, sich um sich selbst zu kümmern und sich selbst an erste Stelle zu setzen.

Hindernisse – ein gutes Zeichen

Eines der größten Missverständnisse im Leben ist die Vorstellung, dass wir auf unserem Weg zum Erfolg, zum Glück oder zur Zufriedenheit niemals Hindernisse oder Schwierigkeiten haben sollten. Doch wenn wir diese Herausforderungen als ein Signal dafür sehen, dass wir uns auf dem richtigen Weg befinden, können wir unser Leben auf eine Weise gestalten, die uns letztendlich zu dem Ziel führt, das wir uns setzen.

Wir alle haben Zeiten erlebt, in denen wir von Hindernissen und Problemen überwältigt wurden. In solchen Momenten scheint es, als ob alles gegen uns arbeitet und wir einfach nicht vorankommen können. Wir können uns jedoch entscheiden, wie wir mit diesen Herausforderungen umgehen. Wir können sie als lästig empfinden und aufgeben, oder wir können sie als Zeichen dafür sehen, dass wir auf dem richtigen Weg sind und weitermachen sollten.

In meinem Leben gab es viele Hindernisse, die ich überwinden musste. Von gescheiterten Beziehungen bis hin zu beruflichen Rückschlägen – jeder Schritt war eine Herausforderung. Doch ich habe gelernt, dass jeder Rückschlag ein Signal dafür war, dass ich wachsen und mich weiterentwickeln musste.

Hindernisse können eine Chance sein, unsere Fähigkeiten und Stärken zu verbessern. Wenn wir uns mit ihnen auseinandersetzen, lernen wir, wie wir Probleme lösen, uns anpassen und uns auf unsere Ziele konzentrieren können. Jeder Fehler, jedes Hindernis und jeder Rückschlag sind eine Chance, uns selbst besser kennenzulernen und zu wachsen.

Es ist wichtig zu verstehen, dass Hindernisse ein Teil des Lebens sind und dass sie uns helfen können, unsere Ziele zu erreichen. Indem wir uns mit ihnen auseinandersetzen und uns darauf konzentrieren, was wir aus ihnen lernen können, werden wir stärker und widerstandsfähiger. Wir können uns selbst neu erfinden und uns auf unsere Prioritäten konzentrieren, die uns wirklich wichtig sind.

Eine der größten Lektionen, die wir aus Hindernissen lernen können, ist, dass sie uns helfen, unser wahres Potenzial zu entdecken. Wenn wir uns Herausforderungen stellen, werden wir uns bewusst, welche Ressourcen wir haben und was wir erreichen können. Unsere Probleme können uns zeigen, wie kreativ, flexibel und entschlossen wir sein können.

Wie können wir also Hindernisse als Chance nutzen? Hier sind einige Möglichkeiten:

» Verändere deine Perspektive: Betrachte Hindernisse als Chancen, um zu lernen und zu wachsen.

» Konzentriere dich auf deine Stärken: Nutze deine Fähigkeiten und Ressourcen, um Herausforderungen zu bewältigen.

» Nimm Hilfe an: Sei offen für Unterstützung von anderen und lass dich von ihnen inspirieren und motivieren.

» Bleibe positiv: Denke positiv und setze dich mit deinen Zielen und Träumen auseinander.

» Sei geduldig: Hindernisse können Zeit und Mühe erfordern, um sie zu überwinden. Deine Geduld wird sich auf jeden Fall auszahlen!

» Selbstmitgefühl üben: Wenn wir auf Hindernisse stoßen, ist es wichtig, uns selbst gegenüber freundlich und mitfühlend zu sein. Akzeptiere, dass jeder Mensch Fehler macht und Schwierigkeiten begegnet, und erlaube dir, auch in schwierigen Zeiten liebevoll mit dir selbst umzugehen.

» Lerne von anderen: Suchen Sie Inspiration in den Geschichten Anderer, die ähnliche Hindernisse überwunden haben.

Ihre Erfahrungen können dir wertvolle Einblicke und Motivation bieten. Genau aus diesem Grund versuche ich dir in diesem Buch so viele persönliche Geschichten wie möglich mitzugeben!

» Setze realistische Ziele: Hindernisse können uns helfen, realistische Ziele zu setzen und unsere Erwartungen an das Leben und uns selbst anzupassen. Überlege, was du wirklich erreichen möchtest, und setze dir Ziele, die dich herausfordern, aber auch erreichbar sind.

» Vertrauen in den eigenen Weg: Obwohl Hindernisse entmutigend sein können, ist es wichtig, Vertrauen in unseren eigenen Weg zu haben. Glaube daran, dass du die Fähigkeit hast, die Herausforderungen, die dir begegnen, zu bewältigen und dass du auf dem Weg bist, der für dich bestimmt ist.

» Den Fokus auf das Positive legen: Konzentriere dich auf das Gute in deinem Leben und achte auf die kleinen Siege und Erfolge, die du erzielst, auch wenn du auf Hindernisse stößt.

»

Eine passende Anmerkung von Helen Keller, einer amerikanischen Schriftstellerin und Aktivistin, lautet:

"Obwohl die Welt voller Leiden ist,
ist sie auch voller Überwindung desselben."

Indem du lernst, Hindernisse als Chancen zu sehen, anstatt als Hindernisse, kannst du Resilienz und innere Stärke entwickeln und letztendlich das erfüllte Leben führen, das du dir wünschst. In den schwierigsten Zeiten wirst du erkennen, dass du fähig bist, Herausforderungen zu bewältigen und Hindernisse zu überwinden, die dich auf deiner Reise zum wahren Ich begleiten.

Geschichte über J. K. Rowling

Die Geschichte von J.K. Rowling, der Autorin der weltberühmten Harry-Potter-Reihe, ist ein inspirierendes Beispiel dafür, wie eine Frau anfängliche Schwierigkeiten überwinden und schließlich ihr Ziel erreichen kann.

Joanne Rowling wurde 1965 in Yate, England, geboren. Schon als junges Mädchen war sie fasziniert von Geschichten und begann bereits im Alter von sechs Jahren mit dem Schreiben ihrer ersten Erzählungen. Trotz ihrer Liebe zum Schreiben waren ihre frühen Jahre von einigen Herausforderungen geprägt.

1990, im Alter von 25 Jahren, erlebte Rowling eine Reihe persönlicher Schwierigkeiten, die sie in eine tiefe Depression stürzten. Ihre Mutter, zu der sie eine enge Beziehung hatte, starb nach jahrelangem Kampf gegen Multiple Sklerose. Der Verlust ihrer Mutter war ein schwerer Schlag für Rowling und beeinflusste ihr Schreiben und ihre spätere Karriere.

Kurze Zeit später zog sie nach Portugal, um Englisch zu unterrichten, und lernte dort ihren ersten Ehemann kennen, mit dem sie eine Tochter hatte. Leider scheiterte die Ehe und Rowling zog als alleinerziehende Mutter mit ihrer Tochter zurück nach Großbritannien. Sie kämpfte mit finanziellen Schwierigkeiten und lebte von Sozialhilfe, während sie versuchte, ihre Schreibträume am Leben zu erhalten.

Inmitten dieser Herausforderungen arbeitete Rowling weiter an ihrem Manuskript über einen jungen Zauberer namens Harry Potter. Sie schrieb in Cafés, während ihre Tochter schlief, und kämpfte gegen Selbstzweifel und die Versuchung, aufzugeben.

Nachdem sie das Manuskript von "Harry Potter und der Stein der Weisen" fertiggestellt hatte, wurde es von nicht weniger als zwölf Verlagen abgelehnt. Doch Rowling gab nicht auf und schließlich fand sie einen Verlag, Bloomsbury, der bereit war, ihr Buch zu veröffentlichen.

Der Erfolg ließ nicht lange auf sich warten. "Harry Potter und der Stein der Weisen" wurde ein sofortiger Bestseller, und die folgenden Bücher der Reihe brachen alle Verkaufsrekorde. Rowling wurde zu einer der erfolgreichsten und bekanntesten Schriftstellerinnen der Welt und hat mit ihren Büchern Millionen von Menschen inspiriert und begeistert.

Die Geschichte von J.K. Rowling zeigt, dass man trotz anfänglicher Schwierigkeiten und Rückschläge sein Ziel erreichen kann, wenn man an sich selbst glaubt und unbeirrt an seinen Träumen festhält. Sie ist ein inspirierendes Beispiel dafür, wie Entschlossenheit, Leidenschaft und Ausdauer selbst in den schwierigsten Zeiten zum Erfolg führen können.

Was kann uns diese inspirierende Geschichte lehren?

I. Gib niemals auf: Selbst wenn du auf Schwierigkeiten stößt, gib nicht auf. Bleib deinem Ziel treu und arbeite kontinuierlich daran, unabhängig von den Herausforderungen, denen du begegnest.

II. Vertraue auf deine Fähigkeiten: Glaube an dich selbst und deine Talente, auch wenn andere dies nicht tun. Du bist fähig, Großes zu erreichen, wenn du an dich glaubst und deine Fähigkeiten nutzt.

III. Nutze Hindernisse als Wachstumschancen: Anstatt Hindernisse als Rückschläge zu betrachten, sieh sie als Möglichkeiten, um dich weiterzuentwickeln und als Mensch zu wachsen.

IV. Lass dich von Ablehnung nicht entmutigen: Ablehnung ist ein Teil des Lebens und jeder Erfolgsgeschichte. Lerne aus den Absagen und nutze sie, um deine Arbeit zu verbessern und dich auf deine Ziele zu konzentrieren.

V. Sei geduldig und hartnäckig: Erfolg kommt oft nicht über Nacht. Sei geduldig und arbeite stetig an deinen Zielen, und du wirst mit der Zeit Fortschritte machen.

VI. Finde Kraft in schwierigen Zeiten: Nutze schwierige Lebensphasen, um innerlich stärker zu werden und deine Entschlossenheit zu stärken. Schwierige Zeiten können dir helfen, herauszufinden, was wirklich wichtig ist und wie widerstandsfähig du sein kannst.

VII. Lass dich von deiner Leidenschaft antreiben: Wenn du an etwas glaubst und leidenschaftlich daran arbeitest, können diese Emotionen dich durch schwierige Zeiten tragen und dir helfen, auf dem Weg zum Erfolg voranzukommen.

VIII. Schaffe Raum für Selbstfürsorge: Achte darauf, Zeit für dich selbst und deine Bedürfnisse einzuplanen. Selbstfürsorge ist entscheidend, um mit Hindernissen umzugehen und langfristig glücklich und erfolgreich zu sein.

IX. Feiere deine Erfolge: Vergiss nicht, auch die kleinen Erfolge auf deinem Weg zum Ziel zu feiern. Diese Momente des Glücks und der Anerkennung sind wichtig, um motiviert zu bleiben und weiter voranzukommen.

Nimm dir einen Stift in die Hand und lies dir jede der Aussagen durch. Danach triff die bewusste Entscheidung, dass dir Hindernisse keine Sorgen mehr bereiten werden und setze jeweils ein Kreuzchen.

- Ich werde mich nicht mehr von meinen Hindernissen aufhalten lassen.
- Ich suche in jedem Hindernis eine Möglichkeit zu wachsen und etwas Neues zu lernen.
- Ich werde meine Träume und Ziele erreichen.

Du bist wertvoll!

Jeder von uns hat Talente

"Ich glaube, dass wir alle besondere Talente haben, die uns einzigartig machen. Wenn wir sie entdecken und fördern, können wir unsere volle Kraft entfalten."

Oprah Winfrey

Wir haben unglaubliche Fähigkeiten und Talente, die wir oft nicht erkennen oder nicht genug nutzen. Die Entdeckung und Förderung dieser Talente ist jedoch von unschätzbarem Wert für die persönliche Entwicklung und das Erreichen von Zielen. In diesem Kapitel werden wir uns damit beschäftigen, wie du deine Talente entdecken und fördern kannst.

Talente erkennen

"Jeder hat Talent. Was selten ist, ist der Mut, das Talent auszuprobieren, um etwas zu erreichen, von dem du träumst."

Maya Angelou

Talente sind die Fähigkeiten, die dir leichtfallen und die du gerne machst. Sie können in verschiedenen Bereichen liegen, wie zum Beispiel in der kreativen Arbeit, im Umgang mit Menschen oder in analytischen Aufgaben. Es kann jedoch schwierig sein, die eigenen Talente zu erkennen, da sie oft so selbstverständlich sind, dass wir sie gar nicht als etwas Besonderes wahrnehmen. Hier sind einige Fragen, die dir helfen können, deine Talente zu erkennen:

- » Was machst du gerne?
- » Wofür hast du in der Vergangenheit Anerkennung bekommen?
- » Was sind deine Lieblingshobbys?
- » Wofür bewundern dich andere Menschen?

Nimm dir einige Minuten Zeit und schreibe eine Liste mit all deinen Talenten und Fähigkeiten. Überlege dabei nicht nur, in welchen Bereichen du gut bist, sondern auch, was dir leichtfällt und was dir Spaß macht.

Überlege dir auch, in welchen Situationen du besonders gut abschneidest und welche Fähigkeiten du in diesen Momenten einsetzt. Es kann auch hilfreich sein, Feedback von anderen einzuholen, um deine Talente zu erkennen.

Talente fördern

"Die größte Entdeckung meines Lebens war, dass ein Mensch seine Zukunft ändern kann, indem er einfach seine Einstellung ändert."

Oprah Winfrey

Sobald du deine Talente erkannt hast, ist es wichtig, sie zu fördern und auszubauen. Hier sind einige Möglichkeiten, wie du das tun kannst:

» Suche nach Gelegenheiten, deine Talente zu nutzen: Überlege dir, in welchen Bereichen du deine Talente einsetzen kannst. Vielleicht gibt es berufliche oder ehrenamtliche Möglichkeiten, die dir erlauben, deine Fähigkeiten auszuleben.

» Talente herausfordern: Wähle eine deiner Stärken aus und überlege, wie du sie weiter ausbauen kannst. Suche nach einer Gelegenheit, diese Talente gezielt einzusetzen und überwinde dabei eventuelle Ängste oder Unsicherheiten. Notiere dir auch, welche Erfahrungen du dabei gemacht hast und welche Erkenntnisse du daraus ziehen konntest.

» Setze dir Ziele: Überlege dir konkrete Ziele, die es dir ermöglichen, deine Talente auszubauen. Zum Beispiel könntest du dich darauf konzentrieren, eine bestimmte Fähigkeit zu verbessern oder eine Aufgabe zu übernehmen, die deine Talente herausfordert.

- » Erweitere dein Wissen: Wenn du deine Talente in einem bestimmten Bereich ausbauen möchtest, ist es hilfreich, mehr darüber zu lernen. Suche nach Büchern, Kursen oder Mentoren, die dir dabei helfen können, deine Fähigkeiten zu verbessern.
- » Lass dich nicht entmutigen: Es ist normal, dass du nicht immer sofort perfekt in dem bist, was du tust. Lass dich nicht entmutigen, sondern sieh Fehler als Chance, zu lernen und besser zu werden.

Hetze dich nicht

Doch was, wenn du einfach nicht weißt, was genau deine Talente sind? Hier rate ich dir als erstes dich nicht zu hetzen. Die Suche nach deinen Talenten ist ein kreativer Prozess, der nicht unter Stress und Druck erfolgen sollte. Diese Dinge hemmen nämlich die kreativen Denkprozesse in unserem Gehirn.

In einer Welt, die ständig nach schnellen Ergebnissen und sofortigem Erfolg sucht, ist es leicht, sich von dieser Hast und der Vorstellung, sofort herausragend zu sein, mitreißen zu lassen. Oft vergessen wir, dass wahre Selbstverwirklichung und der Entdeckungsprozess unserer Talente Zeit, Geduld und Selbstreflexion erfordern. In diesem Kapitel möchten wir dich dazu ermutigen, den Druck, deine Talente sofort zu entdecken und zu perfektionieren, loszulassen und stattdessen den Prozess des Wachsens und Lernens zu schätzen.

"Der Unterschied zwischen dem Unmöglichen und dem Möglichen liegt in der Entschlossenheit einer Person."

Tommy Lasorda

I. Erlaube dir, deinen eigenen Weg zu gehen

Jeder Mensch ist einzigartig, und das bedeutet auch, dass wir alle unterschiedliche Talente, Interessen und Lebenswege haben. Lass dich nicht von den Erfolgen und Talenten anderer entmutigen oder unter Druck setzen. Du bist auf deiner eigenen Reise und es ist wichtig, dass du sie in deinem Tempo und auf deine Weise durchlebst.

"Das Leben ist wie Fahrradfahren. Um das Gleichgewicht zu halten, muss man in Bewegung bleiben."

Albert Einstein

II. Sei offen für neue Erfahrungen

Oft entdecken wir unsere wahren Talente und Leidenschaften, indem wir Neues ausprobieren und offen für unterschiedliche Erfahrungen sind. Trau dich, neue Aktivitäten oder Hobbys auszuprobieren, und gib dir selbst die Erlaubnis, auch Dinge zu tun, die dir möglicherweise nicht sofort leichtfallen. Je mehr du dich selbst herausforderst, desto eher wirst du herausfinden, was dich wirklich begeistert und welche Talente in dir schlummern.

"Die Zukunft gehört denen, die an die Schönheit ihrer Träume glauben."

Eleanor Roosevelt

III. Sei geduldig mit dir selbst

Es ist wichtig, sich daran zu erinnern, dass die Entdeckung unserer Talente und die Meisterschaft eines bestimmten Bereichs Zeit und Mühe erfordern. Gib dir die Erlaubnis, in deinem eigenen Tempo zu lernen und zu wachsen. Sei geduldig und liebevoll mit dir selbst und erkenne, dass du auf deiner Reise Fortschritte machst, auch wenn es manchmal nicht so scheint.

"Der Erfolg ist nicht endgültig, das Scheitern nicht fatal: Was zählt, ist der Mut weiterzumachen."

Winston Churchill

IV. Lerne aus Fehlern und Rückschlägen

Wenn wir auf unserem Weg Hindernisse und Misserfolge erleben, ist es leicht, sich entmutigt und frustriert zu fühlen. Doch diese Rückschläge sind oft wertvolle Lektionen, die uns helfen können, zu wachsen und unsere Talente zu verfeinern. Anstatt dich von Misserfolgen abhalten zu lassen, nutze sie als Chancen, um zu lernen und dich weiterzuentwickeln.

"Es gibt keine Grenzen, nur jene, die du in deinem Kopf und in deinem Herzen aufbaust."

Golda Meir

V. Umgebe dich mit unterstützenden Menschen

Manchmal ist es schwierig, unsere eigenen Talente und Fähigkeiten zu erkennen. Suche die Gesellschaft von Menschen, die an dich glauben, dich ermutigen und dir dabei helfen, deine Stärken und Talente zu entdecken. Unterstützende Freunde und Familie können dir die Ermutigung und Inspiration geben, die du brauchst, um auf deiner Reise weiterzugehen.

"Manchmal ist es die Reise, die dich lehrt, wohin du gehen möchtest."

Drake

VI. Höre auf deine Intuition

Inmitten von all den Erwartungen und Meinungen, die uns umgeben, kann es schwierig sein, unseren eigenen Weg und unsere wahren Talente zu erkennen. Achte darauf, deine innere Stimme zu hören und auf dein Bauchgefühl zu vertrauen. Oft ist es unsere Intuition, die uns am besten führt und uns in die richtige Richtung weist.

"Ich kann nicht verändern, welche Richtung der Wind weht, aber ich kann die Segel anpassen, um mein Ziel zu erreichen."

Jimmy Dean

VII. Feiere jeden Erfolg, egal wie klein

Auf dem Weg zur Entdeckung unserer Talente ist es wichtig, jeden Fortschritt und Erfolg zu würdigen und zu feiern. Durch das Feiern unserer Errungenschaften, egal wie klein sie auch sein mögen, schaffen wir ein Gefühl der Wertschätzung für unseren eigenen Weg und stärken unser Selbstvertrauen und unseren Glauben an uns selbst.

"Unsere tiefste Angst ist nicht, dass wir unzulänglich sind. Unsere tiefste Angst ist, dass wir unermesslich mächtig sind."

Marianne Williamson

VIII. Sei neugierig

Neue Stärken entdecken: Probiere regelmäßig etwas Neues aus, um auch neue Stärken und Fähigkeiten zu entdecken. Das kann ein neues Hobby, eine neue Sportart oder ein neues Arbeitsfeld sein. Notiere dir dabei auch, was dir besonders leichtfällt und welche Fähigkeiten du dabei einsetzt.

"Um erfolgreich zu sein, musst du bereit sein, aus deiner Komfortzone herauszutreten und Dinge zu versuchen, von denen du nie gedacht hättest, dass sie möglich sind."

Richard Branson

Die Suche nach unseren Talenten kann eine aufregende, herausfordernde und erfüllende Reise sein. Es ist wichtig, geduldig mit uns selbst zu sein und zu erkennen, dass diese Entdeckung Zeit und Anstrengung erfordert. Vergiss nicht, dass du wertvoll bist und es verdient hast, ein erfülltes Leben zu führen, das deinen Talenten und Leidenschaften Raum gibt, um zu wachsen und zu gedeihen. Es ist nie zu spät, dein wahres Potenzial zu entdecken und die Welt mit deinen einzigartigen Fähigkeiten und Gaben zu bereichern.

Geschichte über Julia Child

Eine passende Geschichte dazu ist die von Julia Child, einer amerikanischen Köchin, Autorin und Fernsehpersönlichkeit. Child entdeckte ihre Leidenschaft für das Kochen erst in ihren späten Dreißigern und wurde im Laufe der Zeit zu einer Ikone der Kochkunst und einer der bekanntesten Fernsehköche in den USA.

Julia Child wurde 1912 in Pasadena, Kalifornien, geboren. Nach ihrem Abschluss am Smith College arbeitete sie während des Zweiten Weltkriegs für das Office of Strategic Services (OSS), die Vorläuferorganisation der CIA. Nach dem Krieg heiratete sie Paul Child, einen Mitarbeiter des OSS, und zog mit ihm nach Frankreich, wo er für das US-Außenministerium tätig war.

In Frankreich entdeckte Child ihre Liebe zur französischen Küche. Sie hatte bis dahin wenig Erfahrung mit dem Kochen und schrieb sich im renommierten Kochinstitut Le Cordon Bleu in Paris ein. In den folgenden Jahren entwickelte sie ihr Können und begann,

Kochkurse für amerikanische Frauen in ihrer Pariser Wohnung anzubieten.

Zusammen mit zwei französischen Freundinnen schrieb Child ein Kochbuch mit dem Titel "Mastering the Art of French Cooking", das 1961 veröffentlicht wurde. Das Buch, das darauf abzielte, französische Kochtechniken für amerikanische Hausköche zugänglich zu machen, wurde ein sofortiger Erfolg und verhalf Child zu großer Bekanntheit.

Im Alter von 50 Jahren bekam Child ihre eigene Fernsehkochshow, "The French Chef". Die Sendung, die zunächst als bescheidenes Lokalprogramm begann, wurde schnell zu einem nationalen Phänomen. Childs warme, humorvolle und unprätentiöse Art begeisterte das amerikanische Publikum, und sie wurde zu einer Fernsehikone, die für mehr als vier Jahrzehnte in verschiedenen Kochsendungen auftrat.

Julia Childs Geschichte zeigt, dass es nie zu spät ist, ein Talent zu entdecken und damit erfolgreich zu werden. Trotz ihres späten Einstiegs in die Kochkunst gelang es ihr, ein dauerhaftes Vermächtnis zu schaffen und unzählige Menschen für das Kochen zu begeistern. Ihre Leidenschaft und Entschlossenheit beweisen, dass es keine Altersgrenze für Erfolg und Selbstverwirklichung gibt.

Deine Talente

Das sind meine aktuellen Talente

I. ______________________________

II. ______________________________

III. ______________________________

IV. ______________________________

Diese Talente möchte ich aufbauen

I. ______________________________

II. ______________________________

III. ______________________________

IV. ______________________________

Vergiss das nicht

Wenn wir an Talente denken, neigen wir oft dazu, uns auf besondere Fähigkeiten oder Kenntnisse zu konzentrieren, die wir in unterschiedlichen Bereichen besitzen. Es ist jedoch wichtig zu erkennen, dass Talente weit über diese Fähigkeiten hinausgehen und auch unsere Charaktereigenschaften einschließen. In diesem Kapitel werden wir uns damit befassen, wie du deine charakterlichen Talente erkennen und weiterentwickeln kannst, um deine persönliche Reise zum wahren Ich zu unterstützen.

Charaktereigenschaften als Talente ansehen

Bevor wir beginnen, ist es entscheidend, zu verstehen, dass Charaktereigenschaften tatsächlich als Talente betrachtet werden können. Eine Eigenschaft wie Hilfsbereitschaft, Zielstrebigkeit oder Empathie kann genauso wertvoll und nützlich sein wie technische oder kreative Fähigkeiten. Jede dieser Eigenschaften hat ihren eigenen Wert und kann in unterschiedlichen Situationen und Lebensbereichen zum Tragen kommen.

Einige Beispiele für Charaktereigenschaften, die als Talente angesehen werden können, sind:

- » Hilfsbereitschaft: Eine Person, die bereit ist, anderen zur Seite zu stehen und zu unterstützen, kann in vielen Bereichen des Lebens erfolgreich sein, sei es im beruflichen oder privaten Umfeld.
- » Zielstrebigkeit: Zielstrebigkeit bedeutet, dass man entschlossen ist, seine Ziele zu erreichen, auch wenn es schwierig wird oder Hindernisse auftauchen.

» Empathie: Empathische Menschen sind in der Lage, sich in andere hineinzuversetzen und deren Gefühle und Gedanken nachzuvollziehen. Sie können dadurch tiefere Beziehungen aufbauen und in sozialen oder beruflichen Situationen erfolgreich agieren.

Eigene Charaktereigenschaften erkennen

Um deine charakterlichen Talente zu entdecken, besteht darin, dich selbst besser kennenzulernen und herauszufinden, welche Eigenschaften du besitzt. Dies kann durch Selbstreflexion, Feedback von Freunden und Familie oder durch das Führen eines Tagebuchs erreicht werden. Achte darauf, welche Eigenschaften in verschiedenen Situationen zum Vorschein kommen und wie sie sich auf dein Leben auswirken.

Damit es dir leichter fällt, habe ich dir die wichtigsten Charaktereigenschaften mit einer Skala zur Bewertung aufgeführt. Fühle die Liste am besten einmal selber aus und dann bitte weitere Personen aus deinem näheren Bekanntenkreis für dich diese Einschätzung vorzunehmen. Unser Selbstbild gleicht nämlich oft nicht dem Fremdbild. Daraus wirst du hilfreiche Entschlüsse zu deiner Person ziehen und offene Punkte zur Weiterentwicklung von persönlichen Eigenschaften erhalten können

	trifft zu	**teils**	**trifft nicht zu**
Ich bin hilfsbereit.	○	○	○
Ich bin zielstrebig.	○	○	○
Ich bin empathisch.	○	○	○

	trifft zu	teils	trifft nicht zu
Ich bin ehrlich.	○	○	○
Ich bin anpassungsfähig.	○	○	○
Ich bin loyal.	○	○	○
Ich bin pünktlich.	○	○	○
Ich bin zuverlässig.	○	○	○
Ich bin mutig.	○	○	○
Ich bin geduldig.	○	○	○
Ich bin selbstbewusst.	○	○	○
Ich bin überzeugend.	○	○	○
Ich bin motiviert.	○	○	○
Ich bin locker.	○	○	○
Ich bin strukturiert.	○	○	○

Sammle die Steine auf deinem Weg

„Es ist nicht der Berg, den wir bezwingen, sondern uns selbst."

Sir Edmund Hillary

Wir alle haben Schwächen, und es ist menschlich, diese als Hindernisse auf dem Weg zu unserem wahren Ich zu betrachten. Doch wahre Stärke zeigt sich, wenn wir lernen, diese Schwächen zu erkennen, anzunehmen und letztendlich zu nutzen, um besser und stärker zu werden. In diesem Kapitel werden wir uns damit beschäftigen, wie du die Steine auf deinem Weg – deine Schwächen – sammeln und sie in dein Fundament einbauen kannst.

Der Blick auf Schwächen

"Unsere Schwächen sind oft nur ein Schatten unserer Stärken."

Susan Cain

Um unsere Schwächen zu erkennen und zu akzeptieren, müssen wir uns zunächst von dem Druck befreien, perfekt zu sein. Denn Perfektionismus kann uns daran hindern, unsere Schwächen zu akzeptieren und zu verbessern. Es ist wichtig, zu akzeptieren, dass Schwächen ganz normal sind und dass jeder Mensch sie hat. Nur so können wir uns auf den Weg machen, sie zu identifizieren und uns zu verbessern.

Das Identifizieren von Schwächen

"Um deine Schwächen zu überwinden, musst du sie zuerst kennen."

Unknown

Es gibt verschiedene Möglichkeiten, Schwächen zu identifizieren. Eine Möglichkeit ist, Feedback von anderen einzuholen, wie zum Beispiel von Freunden, Familie oder Kollegen. Dabei sollten wir aber auch bedenken, dass das Feedback anderer immer subjektiv ist und uns nur einen Teil der Wahrheit zeigt. Eine andere Möglichkeit ist, eine Liste von Aufgaben oder Situationen zu erstellen, die uns Schwierigkeiten bereiten und bei denen wir uns unsicher oder überfordert fühlen. Diese Liste kann uns dabei helfen, Muster zu erkennen und unsere Schwächen gezielt anzugehen.

Die positive Seite von Schwächen

"Die Stärke eines Bogens liegt in seiner Schwäche."

Laozi

Schwächen können uns auch dazu anspornen, neue Fähigkeiten zu erlernen und uns weiterzuentwickeln. Sie können uns herausfordern und uns motivieren, uns zu verbessern. Wenn wir unsere Schwächen akzeptieren und uns darauf konzentrieren, wie wir sie verbessern können, werden sie zu einem positiven Antrieb, der uns auf unserem Weg zu unserem wahren Ich unterstützt.

Die Transformation von Schwächen

"Es ist nicht, wer du bist, was dich aufhält, sondern wer du denkst, wer du nicht bist."

Denis Waitley

Wenn wir unsere Schwächen identifiziert haben, können wir uns darauf konzentrieren, wie wir sie verbessern können. Wir können uns beispielsweise neue Fähigkeiten aneignen, um uns in bestimmten Bereichen zu verbessern. Oder wir können uns gezielt Situationen suchen, die uns herausfordern und uns dabei helfen, unsere Schwächen zu überwinden. Es ist wichtig, uns nicht von unseren Schwächen entmutigen zu lassen, sondern sie als Chance zu sehen, uns weiterzuentwickeln.

"Man muss lernen, sich selbst so gut zu kennen, dass man seine Schwächen in Stärken umwandeln kann"

Barbara Sher

Durch das Sammeln der Steine auf deinem Weg – das Identifizieren, Akzeptieren und Transformieren deiner Schwächen – kannst du ein solides Fundament für persönliches Wachstum und Erfolg schaffen. Denke daran, dass du wertvoll bist, und gib dir die Erlaubnis, menschlich und unvollkommen zu sein. Nutze deine Schwächen, um besser und stärker zu werden, und erlaube dir, auf dem Weg zu deinem wahren Ich weiter voranzuschreiten.

Passend dazu habe ich dir hier eine persönliche Erfahrung einer meiner Kursteilnehmerinnen:

Als Sarah auf die Universität ging, war sie unglaublich schüchtern. Sie hatte Angst, sich vor anderen zu präsentieren und konnte kaum eine Gruppe sprechen, ohne dass ihre Stimme zitterte. Es war eine Schwäche, die sie daran hinderte, ihre wahren Fähigkeiten und ihr Potenzial zu zeigen.

Eines Tages wurde Sarah gebeten, eine Rede auf der Abschlussfeier zu halten. Es war eine große Herausforderung für sie, aber sie wusste, dass es eine Gelegenheit war, ihre Schwäche zu überwinden. Sarah arbeitete hart daran, ihre Rede vorzubereiten und übte sie immer wieder vor ihrem Spiegel.

Am Tag der Abschlussfeier stand Sarah nervös vor der Menge. Aber als sie ihre Rede begann, merkte sie, dass ihre Stimme nicht mehr zitterte. Sie fühlte sich sicherer und konnte ihre Worte mit Leichtigkeit ausdrücken. Die Menge hörte ihr aufmerksam zu und am Ende erhielt sie einen lauten Applaus.

Sarah erkannte, dass ihre Schwäche ihr geholfen hatte, stärker zu werden. Indem sie sich der Herausforderung stellte, ihre Rede zu halten, hatte sie ihre Fähigkeit verbessert, vor anderen zu sprechen. Sie begann, ihre Schüchternheit als Motivation zu sehen, um ihre Kommunikationsfähigkeiten zu verbessern.

In der Folgezeit begann Sarah, ihre Schwäche zu ihrem Vorteil zu nutzen. Sie meldete sich freiwillig für öffentliche Reden und trat einer Debattiergesellschaft bei. Durch hartes Training und Beharrlichkeit verbesserte sie sich kontinuierlich und wurde schließlich eine fähige Rednerin. Damit legt sie sich das Fundament für eine erfolgreiche Karriere.

Die Erfahrung hatte Sarah gelehrt, dass jeder Schwächen hat, aber dass es bei jedem selbst liegt, an ihnen zu arbeiten. Durch das Überwinden ihrer eigenen Schwäche hatte sie gelernt, dass sie alles erreichen kann, was sie sich vornimmt, solange sie hart arbeitet und sich der Herausforderung stellt.

Übungen

Damit es dir leichter fällt an deinen Schwächen zu arbeiten, habe ich dir hier in der Praxis erprobte Übungen niedergeschrieben:

1. Schwächenreflexion: Nimm dir Zeit, um über deine Schwächen nachzudenken und schreibe sie auf. Überlege, in welchen Situationen sie dir Schwierigkeiten bereitet haben und welche Auswirkungen sie auf dein Leben hatten. Betrachte deine Schwächen als Möglichkeiten zur Verbesserung und betrachte sie nicht als Hindernisse.

2. Stärkentraining: Wähle eine Schwäche aus, an der du arbeiten möchtest, und finde eine Möglichkeit, sie zu trainieren. Wenn es sich zum Beispiel um öffentliches Reden handelt, suche nach Gelegenheiten, um vor anderen zu sprechen und übe, deine Fähigkeiten zu verbessern.

3. Perspektivenwechsel: Überlege, wie du deine Schwächen zu deinem Vorteil nutzen kannst. Betrachte deine Schwächen aus einer anderen Perspektive, indem du fragst, wie du sie als Vorteil nutzen kannst. Wenn du zum Beispiel schüchtern bist, könntest du diese Eigenschaft als Stärke nutzen, indem du dich auf deine Fähigkeit konzentrierst, zuzuhören und aufmerksam zu sein.

4. Feedback annehmen: Bitte um Feedback von Freunden, Familie oder Kollegen. Frage sie, welche Schwächen sie an dir sehen und wie du daran arbeiten kannst, sie zu verbessern. Nimm ihre Meinungen ernst und arbeite daran, deine Schwächen zu verbessern.

Diese Übungen werden dir dabei helfen, deine Schwächen zu erkennen und zu akzeptieren, aber auch zu lernen, wie man sie zu ihrem Vorteil nutzen kann. Mit der richtigen Einstellung und Motivation können Frauen lernen, ihre Schwächen zu überwinden und ihr volles Potenzial auszuschöpfen.

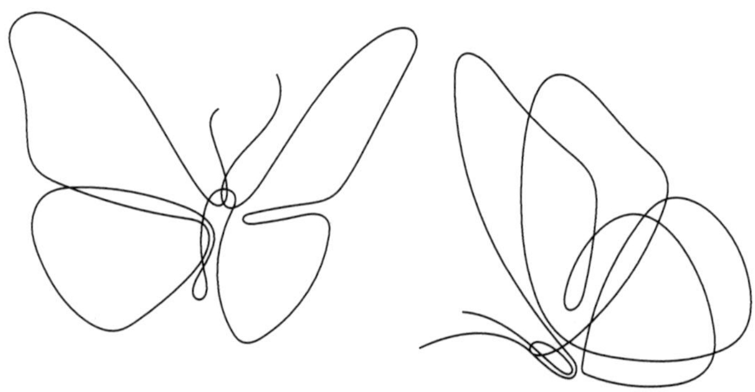

Doch was, wenn es keinen Sinn macht?

„Konzentriere dich auf deine Stärken, nicht auf deine Schwächen. Konzentriere dich auf deine Charaktereigenschaften, nicht auf deine Rufzeichen. Konzentriere dich auf deine Schätze, nicht auf deine Trümmerteile."

Roy T. Bennett

In den vorherigen Kapiteln haben wir darüber gesprochen, wie wichtig es ist, unsere Schwächen zu identifizieren und daran zu arbeiten, sie in Stärken umzuwandeln. Es gibt jedoch Situationen, in denen es sinnvoll ist, unsere Schwächen zu ignorieren und stattdessen unseren Fokus auf unsere Stärken zu richten. In diesem Kapitel werden wir untersuchen, wann es angebracht ist, unsere Schwächen beiseitezulegen und uns stattdessen auf unsere Fähigkeiten und Talente zu konzentrieren.

Wenn Schwächen nicht direkt relevant sind

Manchmal haben wir Schwächen, die für unsere Lebensziele und Erfolge nicht direkt relevant sind. In solchen Fällen kann es sinnvoll sein, unsere Aufmerksamkeit und Energie auf unsere Stärken zu richten, um unsere Ziele schneller und effizienter zu erreichen.

„Der Unterschied zwischen dem Unmöglichen und dem Möglichen liegt in der Entschlossenheit einer Person."

Tommy Lasorda

Das Verhältnis von Aufwand zu Nutzen

Es gibt Schwächen, bei denen der Aufwand, sie in Stärken umzuwandeln, in keinem angemessenen Verhältnis zum Nutzen steht. In solchen Fällen ist es besser, die Energie und Zeit auf die Verbesserung und Weiterentwicklung der vorhandenen Stärken zu verwenden, um das Beste aus uns herauszuholen.

„Mache das Beste aus dir, denn das ist alles, was du hast."

Ralph Waldo Emerson

Wenn es wichtig ist, schnelle Fortschritte zu erzielen

In bestimmten Lebenssituationen ist es entscheidend, schnell voranzukommen und Erfolge zu erzielen. In solchen Momenten ist es hilfreich, sich auf die Stärken zu konzentrieren, die uns schneller zum gewünschten Ergebnis führen, anstatt Zeit und Energie in das Beheben von Schwächen zu investieren.

„Wenn du schnell gehen willst, geh alleine. Wenn du weit gehen willst, geh zusammen."

Afrikanisches Sprichwort

Wenn unsere Stärken uns von der Masse abheben

Wir leben in einer konkurrenzorientierten Welt, in der es wichtig ist, uns von anderen abzuheben und unsere einzigartigen Fähigkeiten und Talente zu nutzen. Indem wir uns auf unsere Stärken konzentrieren und sie weiterentwickeln, können wir uns von der Masse abheben und erfolgreich sein.

„Erfolg ist nicht endgültig, Misserfolg ist nicht tödlich: Es ist der Mut, weiterzumachen, der zählt."

Winston Churchill

Wenn wir unsere Leidenschaft und unsere Bestimmung gefunden haben

Wenn wir unsere Leidenschaft und unsere Bestimmung gefunden haben, macht es Sinn, unsere Energie und Zeit darauf zu verwenden, uns in diesen Bereichen zu verbessern und weiterzuentwickeln. Unsere Schwächen können in solchen Situationen in den Hintergrund treten, da sie uns nicht daran hindern, unsere wahren Leidenschaften und Träume zu verwirklichen.

„Leidenschaft ist Energie. Fühle die Kraft, die aus dem Fokussieren auf das entsteht, was dich begeistert."

Oprah Winfrey

Wenn wir ein unterstützendes Netzwerk haben

Ein unterstützendes Netzwerk aus Freunden, Familie und Kollegen kann dazu beitragen, dass unsere Schwächen weniger ins Gewicht fallen. Wenn wir uns in einer Umgebung befinden, in der andere bereit sind, uns bei unseren Schwächen zu unterstützen und uns in unseren Stärken zu fördern, können wir uns darauf konzentrieren, das Beste aus unseren Fähigkeiten herauszuholen.

„Allein können wir so wenig tun; zusammen können wir so viel tun."

Helen Keller

Schlussfolgerung

Es ist wichtig zu erkennen, dass es Zeiten gibt, in denen es sinnvoll ist, unsere Schwächen zu ignorieren und uns stattdessen auf unsere Stärken zu konzentrieren. In solchen Momenten können wir schneller Fortschritte erzielen, unser Potenzial ausschöpfen und das Beste aus uns herausholen.

Die Herausforderung besteht darin, das richtige Gleichgewicht zwischen dem Arbeiten an unseren Schwächen und dem Fokussieren auf unsere Stärken zu finden. Indem wir uns selbst besser kennenlernen und unsere Prioritäten klar definieren, können wir fundierte Entscheidungen darüber treffen, wo wir unsere Zeit und Energie investieren sollten.

„Fokussiere dich auf deine Stärken und sei nicht auf deine Schwächen fixiert. Glaube an dich selbst und gehe mit Zuversicht und Mut in die Welt hinaus."

Jane Fonda

Denke daran, dass jeder von uns einzigartig ist und unterschiedliche Talente und Fähigkeiten besitzt. Wenn wir lernen, diese Unterschiede zu akzeptieren und uns auf das zu konzentrieren, was uns stark und besonders macht, können wir ein erfülltes, glückliches Leben führen und der Welt zeigen, dass wir wertvoll sind.

Deine Schwächenanalyse

Diese Schwächen habe ich bereits geschafft, in Stärken umzuwandeln

I. ____________________

II. ____________________

III. ____________________

IV. ____________________

Diese Schwächen sollte ich in Stärken umwandeln

I. ____________________

II. ____________________

III. ____________________

IV. ____________________

Diese Schwächen sollte ich in Stärken umwandeln

I. ____________________

II. ____________________

III. ____________________

IV. ____________________

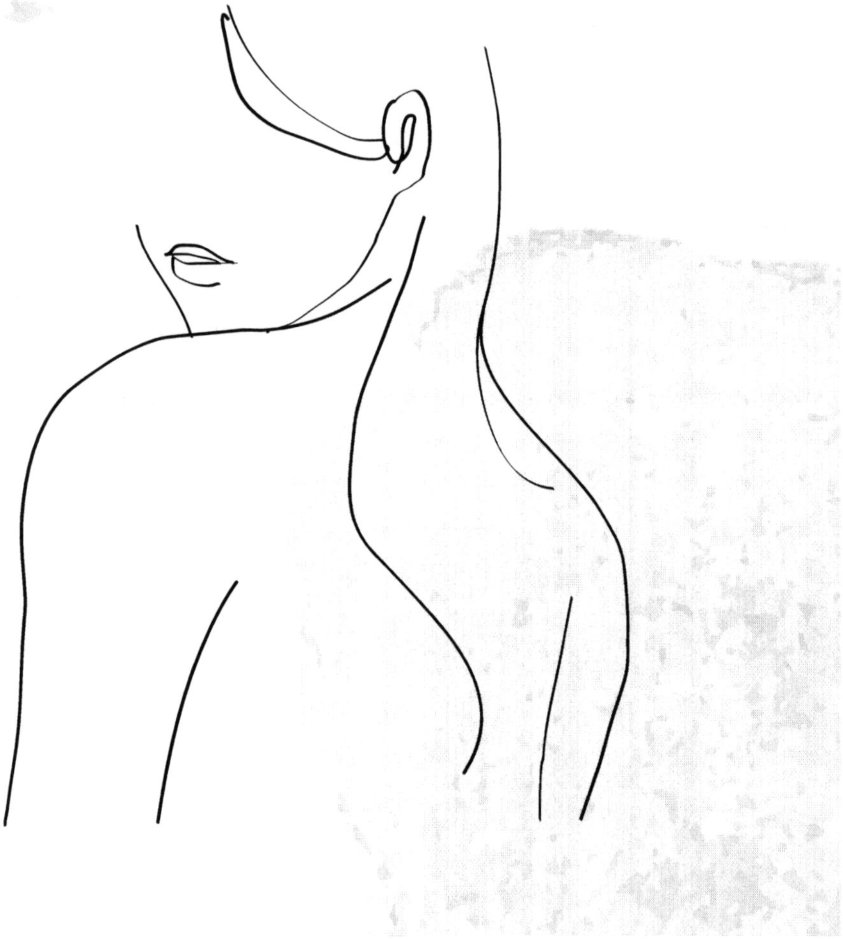

Alles ändert sich, doch was möchtest du?

Dein Leben wird sich verändern – und das ist gut so!

Unsere Welt verändert sich ständig, und Veränderung ist eine unvermeidliche Tatsache im Leben. Obwohl viele von uns sich wünschen, dass alles gleichbleibt, gibt es doch einen Grund, warum Veränderung ein integraler Bestandteil unseres Daseins ist: Veränderung ist der Motor des Fortschritts. Ohne Veränderung würden wir stillstehen, und das Leben wäre weniger aufregend und erfüllend.

Wenn wir unser Leben betrachten, haben wir oft das Gefühl, dass wir in bestimmten Bahnen gefangen sind und dass Veränderungen uns aus unserer Komfortzone herausreißen könnten. Aber es ist wichtig, sich daran zu erinnern, dass Veränderungen in der Regel immer eine Chance bieten, zu wachsen und sich weiterzuentwickeln. Wenn wir uns auf Veränderungen einlassen, können wir neue Fähigkeiten erwerben, neue Erfahrungen sammeln und neue Beziehungen knüpfen.

Wie können wir uns also an Veränderungen anpassen und den Prozess genießen? Hier sind einige Tipps.

Akzeptiere die Veränderung

Der erste Schritt, um Veränderungen anzunehmen, besteht darin, sie zu akzeptieren. Es ist normal, dass wir uns von Veränderungen überwältigt fühlen und Widerstand leisten, aber wenn wir uns auf Veränderungen einlassen und sie akzeptieren, können wir uns auf das Positive konzentrieren, das aus ihnen hervorgeht.

Verändere deine Perspektive

Statt Veränderungen als Bedrohung oder Hindernis zu sehen, betrachte sie als Gelegenheit, dich zu entwickeln und zu wachsen.

Versuche, eine positive Einstellung zu haben und dich auf das zu konzentrieren, was du aus der Veränderung lernen kannst.

Schaffe dir ein unterstützendes Umfeld

Eine Veränderung kann unheimlich sein, aber es wird leichter, wenn du Menschen hast, die dich unterstützen. Suche dir Freunde oder Familie, die dich ermutigen und unterstützen, oder schließe dich einer Gruppe an, die ähnliche Interessen hat und die Veränderungen gemeinsam angehen möchte.

Setze dir realistische Ziele

Veränderungen können oft überwältigend sein, daher ist es wichtig, sich realistische Ziele zu setzen. Setze dir kleine Schritte, die du erreichen möchtest, und arbeite langsam darauf hin. Dies wird dir helfen, das Gefühl von Kontrolle zu behalten und motiviert zu bleiben.

Nutze die Veränderung als Chance, um deine Ziele zu überdenken

Eine Veränderung kann oft eine Chance sein, um sich neu zu orientieren und deine Ziele zu überdenken. Nutze diese Gelegenheit, um herauszufinden, was du wirklich willst und welche Schritte du unternehmen musst, um dorthin zu gelangen.

Was lernen wir daraus?

Das Leben wird sich verändern, ob wir es wollen oder nicht. Aber anstatt uns von Veränderungen einschüchtern zu lassen, sollten wir sie als Chance betrachten, uns weiterzuentwickeln und zu wachsen. Wenn wir uns auf Veränderungen einlassen und sie als Gelegenheit betrachten, können wir unsere Ziele erreichen und ein erfüllteres Leben

Geschichte von Sheryl Sandberg

Unabhängig davon wie stark sich etwas in deinem Leben ändert, unabhängig davon welchen Schicksalsschlag wir erleiden, es gibt immer einen Weg heraus, der zum Positiven führt. Das zeigt die Geschichte von Sheryl Sandberg, der COO von Facebook, Sandberg war bereits eine erfolgreiche Geschäftsfrau, als sie einen tragischen Schicksalsschlag erlebte, der ihr Leben auf den Kopf stellte. Dennoch gelang es ihr, sich von diesem Ereignis zu erholen und ihre Karriere fortzusetzen.

Sheryl Sandberg hatte eine beeindruckende Karriere: Sie war Vizepräsidentin für globales Online-Verkauf und Operations bei Google und später COO bei Facebook, wo sie maßgeblich dazu beitrug, das Unternehmen zu einem der wertvollsten der Welt zu machen. Darüber hinaus veröffentlichte sie 2013 ihr Bestseller-Buch "Lean In", in dem sie Frauen ermutigte, in der Arbeitswelt Führungspositionen anzustreben.

Im Jahr 2015 ereilte sie jedoch ein Schicksalsschlag: Ihr Ehemann, Dave Goldberg, starb plötzlich im Alter von 47 Jahren. Dieser tragische Verlust erschütterte Sandbergs Welt und zwang sie, sich einer völlig neuen Realität zu stellen. Während dieser schwierigen Zeit musste sie lernen, mit dem Verlust umzugehen, und gleichzeitig ihre beiden Kinder als alleinerziehende Mutter großziehen.

Sandberg nutzte ihre Erfahrungen aus diesem Schicksalsschlag und schrieb gemeinsam mit Adam Grant, einem Psychologieprofessor, das Buch "Option B: Facing Adversity, Building Resilience, and Finding Joy" (2017). In diesem Buch teilte sie ihre persönlichen Erfahrungen mit Verlust und Trauer und gab Ratschläge, wie man Widerstandskraft und Lebensfreude inmitten von Widrigkeiten aufbauen kann.

Sheryl Sandberg hat gezeigt, dass es möglich ist, sich von schweren Rückschlägen zu erholen und wieder erfolgreich zu werden. Ihr Beispiel lehrt uns, dass wir trotz schwieriger Umstände und unerwarteter Herausforderungen weitermachen und unser Leben neugestalten können. Ihre Geschichte ist ein inspirierendes Beispiel dafür, wie wir uns anpassen, lernen und wachsen können, auch wenn das Leben uns vor große Herausforderungen stellt.

"In der Trauer gibt es keine festen Regeln. Aber ich habe gelernt, dass es einiges gibt, das wir tun können, um andere Menschen zu unterstützen, die trauern. Zeigt eure Liebe. Lasst eure Freunde wissen, dass ihr da seid, und bietet eure Hilfe an."

Sheryl Sandberg

Verwirklichung deiner Ziele und Träume

"Das Geheimnis des Erfolgs ist anzufangen."

Mark Twain

Die Verwirklichung unserer Ziele und Träume ist eine Reise voller Herausforderungen und Hürden, aber auch voller Erfolge und Belohnungen. In diesem Kapitel werden wir einige Strategien und Techniken vorstellen, die dir helfen können, deine Ziele und Träume Wirklichkeit werden zu lassen.

Klarheit und Fokus

Bevor du deine Ziele verwirklichen kannst, musst du klar darüber sein, was du erreichen möchtest. Lege deine Ziele fest und formuliere sie präzise. Ein klares Ziel gibt dir Fokus und Orientierung und hilft dir, deine Energie und Ressourcen effizient einzusetzen.

"Du kannst nicht überspringen, was du nicht siehst."

Oprah Winfrey

Plane und setze Prioritäten

Wenn du ein Ziel hast, ist es wichtig, einen Plan zu erstellen, der dich Schritt für Schritt zum Ziel führt. Setze Prioritäten und konzentriere dich auf die wichtigsten Aufgaben, die dich deinem Ziel näherbringen. Indem du einen Plan verfolgst und Prioritäten setzt, kannst du deine Zeit und Energie optimal nutzen.

"Die meisten Menschen scheitern nicht wegen mangelnder Fähigkeiten, sondern wegen mangelnder Einsatzbereitschaft."

Richard Branson

Verpflichte dich zu deinen Zielen

Um deine Ziele und Träume zu erreichen, musst du dich ihnen voll und ganz verpflichten. Das bedeutet, dass du bereit sein musst, die notwendige Zeit, Energie und Ressourcen aufzubringen, um deinen Zielen und Träumen näher zu kommen. Dein Engagement und deine Hingabe werden den Unterschied ausmachen.

"Verpflichtung ist das, was Träume Wirklichkeit werden lässt."

Jim Rohn

Entwickle Selbstvertrauen und Selbstbewusstsein

Glaube an dich und deine Fähigkeiten. Selbstvertrauen und Selbstbewusstsein sind entscheidend für die Verwirklichung deiner Ziele und Träume. Wenn du an dich glaubst, wirst du auch andere von deinen Ideen überzeugen können und die notwendige Unterstützung finden.

"Das Vertrauen in uns selbst macht uns das Vertrauen anderer wert."

Ralph Waldo Emerson

Baue ein Netzwerk von Unterstützung

Niemand erreicht seine Ziele und Träume allein. Baue ein Netzwerk von Freunden, Familie und Kollegen auf, die dich auf deinem Weg unterstützen und dir helfen, deine Ziele zu erreichen.

"Allein können wir so wenig tun; gemeinsam können wir so viel tun."

Helen Keller

Bleibe flexibel und anpassungsfähig

Auf dem Weg zur Verwirklichung deiner Ziele und Träume wirst du auf unerwartete Situationen und Herausforderungen stoßen. Lerne, flexibel und anpassungsfähig zu sein, um diese Herausforderungen zu bewältigen und deinen Plan entsprechend anzupassen.

"Diejenigen, die nicht auf Veränderungen reagieren, werden von der Veränderung mitgerissen."

Warren Buffett

Geduld und Ausdauer

Die Verwirklichung deiner Ziele und Träume erfordert Zeit, Geduld und Ausdauer. Bleibe beharrlich und lass dich nicht von Rückschlägen entmutigen. Deine Hartnäckigkeit wird sich letztendlich auszahlen.

"Es ist nicht der Berg, den wir erobern, sondern uns selbst."

Sir Edmund Hillary

Feiere deine Erfolge

Vergiss nicht, deine Erfolge und Fortschritte auf dem Weg zur Verwirklichung deiner Ziele und Träume zu feiern. Diese Feierlichkeiten helfen dir, motiviert zu bleiben und geben dir die Energie, weiterzumachen.

"Der Erfolg besteht darin, von Misserfolg zu Misserfolg zu gehen, ohne den Enthusiasmus zu verlieren."

Winston Churchill

Reflektiere und evaluiere

Nimm dir regelmäßig Zeit, um über deinen Fortschritt und deine Erfahrungen nachzudenken. Evaluieren, was gut funktioniert hat und was verbessert werden kann, hilft dir, auf dem richtigen Weg zu bleiben und deine Ziele effektiver zu erreichen.

"Wenn du alles unter Kontrolle hast, bewegst du dich nicht schnell genug."

Mario Andretti

Indem du diese Strategien und Techniken anwendest, wirst du besser gerüstet sein, um deine Ziele und Träume Wirklichkeit werden zu lassen. Glaube an dich selbst, verpflichte dich zu deinen Zielen und bleibe hartnäckig, um das Leben zu führen, das du dir immer gewünscht hast. Du bist wertvoll, und deine Ziele und Träume sind es auch.

Doch einen Geheimtipp habe ich noch für dich. Lass uns dafür zunächst mal in deinen Alltag blicken. Sicherlich putzt du dir mindestens einmal am Tag die Zähne. Wenn du an diese Tätigkeit denkst, sollte dir auffallen, dass du sie in sehr vielen Fällen automatisch ausführst, ohne dich dafür zusätzlich motivieren zu müssen. Und das ist der Schlüssel zur Verwirklichung deiner Ziele und Träume. Wenn du einige positive Routinen in dein Leben integrierst, so wirst du dich automatisch in die richtige Richtung bewegen. Lass uns auf einige positive Routinen schauen, die ich dir wärmstens empfehlen kann.

Diese Routinen führen dich zum persönlichen Erfolg

» Tägliche Visualisierung: Nimm dir jeden Tag einige Minuten Zeit, um dir vorzustellen, wie es sich anfühlt, dein Ziel erreicht zu haben. Stell dir vor, wie du dich fühlst und was du erreicht hast. Das kann dir helfen, motiviert zu bleiben und dich auf dein Ziel zu konzentrieren.

» Planung des Tages: Plane jeden Tag im Voraus, was du erreichen möchtest und wie du es erreichen wirst. Setze dir realistische Ziele und arbeite daran, sie zu erreichen.

» Zeitmanagement: Verwalte deine Zeit effektiv, indem du Prioritäten setzt und dich auf die Aufgaben konzentrierst, die dir helfen, deine Träume zu verwirklichen. Vermeide Ablenkungen und sorge dafür, dass du genug Zeit für die wichtigen Dinge hast.

» Konsequenz: Sei konsequent in deinem Handeln und halte dich an deine Pläne und Ziele. Vermeide es, aufzugeben oder dich von Rückschlägen entmutigen zu lassen.

» Selbstreflexion: Nimm dir jeden Tag Zeit, um darüber nachzudenken, was du erreicht hast und was du noch erreichen möchtest. Reflektiere über deine Fortschritte und überlege, wie du deine Strategien verbessern kannst, um deine Träume zu verwirklichen.

» Gesundheitsbewusstsein: Sorge für deinen Körper und Geist, indem du dich gesund ernährst, ausreichend Bewegung machst und genügend Schlaf bekommst. Ein gesunder Körper und Geist können dazu beitragen, dass du motiviert und energiegeladen bleibst, um deine Träume zu verwirklichen.

Diese Routinen können helfen, dich auf Kurs zu halten und dich in die richtige Richtung zu lenken, um deine Träume zu verwirklichen.

Zum Abschluss dieses Kapitels habe ich dir noch drei Erfolgsgeschichten mitgebracht. Im Anschluss daran habe ich dir die Lehre dieser Geschichten zusammengefasst.

Erfolgsgeschichten von erfolgreichen Frauen:

1. Oprah Winfrey: Oprah Winfrey wuchs in Armut auf und hatte eine schwierige Kindheit. Sie wurde jedoch zur Königin des amerikanischen Fernsehens, indem sie eine der erfolgreichsten Talkshows aller Zeiten moderierte. Sie wurde auch eine erfolgreiche Geschäftsfrau und Philanthropin, die Milliarden von Dollar für wohltätige Zwecke gespendet hat.

2. J.K. Rowling: J.K. Rowling war eine alleinerziehende Mutter, als sie die Idee für Harry Potter hatte. Sie kämpfte gegen Ablehnung von Verlagen, bevor sie endlich einen Vertrag für das Buch bekam. Das Buch wurde zu einem Bestseller und startete eine der erfolgreichsten Buch- und Filmreihen aller Zeiten.

3. Malala Yousafzai: Malala Yousafzai ist eine pakistanische Aktivistin für Mädchenbildung und Menschenrechte, die weltweit bekannt ist. Sie wurde von den Taliban angeschossen, als sie zur Schule ging, überlebte aber und setzte sich seitdem noch stärker für Bildung und Gleichberechtigung ein. Sie erhielt den Friedensnobelpreis und gründete eine Stiftung, um Mädchenbildung zu fördern.

Die Erfolgsgeschichten dieser drei Persönlichkeiten lehren uns Folgendes:

I. Oprah Winfrey: Erfolg ist möglich, auch wenn man aus schwierigen Verhältnissen stammt. Oprah hat bewiesen, dass man trotz vieler Herausforderungen im Leben Großes erreichen kann. Ihre Erfolgsgeschichte zeigt uns, dass man durch harte Arbeit, Durchhaltevermögen und Glauben an sich selbst alle Hindernisse überwinden kann.

II. J.K. Rowling: Man sollte niemals aufgeben, auch wenn man Rückschläge erleidet. J.K. Rowling hatte viele Absagen, bevor ihr erster Harry-Potter-Roman veröffentlicht wurde. Doch sie gab nicht auf und blieb beharrlich an ihrem Traum fest. Ihre Geschichte zeigt uns, dass Erfolg oft Ausdauer erfordert und dass man immer an sich glauben sollte, auch wenn andere einem das Gegenteil sagen.

III. Malala Yousafzai: Man kann auch als Jugendliche oder junger Erwachsener etwas bewegen und die Welt verändern. Malala hat als Teenagerin mutig gegen die Unterdrückung von Frauen und Mädchen in ihrem Heimatland Pakistan gekämpft und setzt sich bis heute für Bildung und Frauenrechte ein. Ihre Geschichte zeigt uns, dass jeder, unabhängig von Alter oder Geschlecht, etwas bewegen und verändern kann, wenn man für seine Überzeugungen einsteht und sich für eine gute Sache einsetzt.

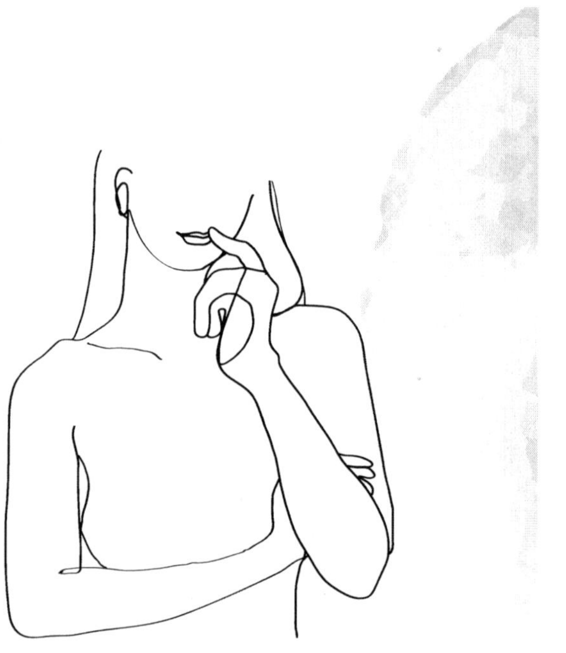

Dein persönlicher Plan, um deine Träume zu verwirklichen

Du hast dir sicher schon oft vorgenommen, deine Träume und Ziele zu erreichen. Doch oft scheitern wir an der Umsetzung und lassen uns von unserem Alltag ablenken. Mit einem persönlichen Plan und einem klaren Zeitrahmen kannst du deinen Träumen näherkommen und erfolgreich sein. In diesem Kapitel zeige ich dir einen Beispielplan, den ich als Vorlage für die Erstellung persönlicher Wochenpläne für meine Kursteilnehmerinnen nutze. Sehe diese Vorlage deshalb als Inspiration, und passe sie auf deine persönliche Situation und Zielsetzung an. Verwende dafür Tipps und Aufgaben aus den Kapiteln zuvor. Wichtig ist, dass du dich jede Woche auf die Umsetzung einer Sache fokussierst. So stellst du nämlich sicher, dass du dir nicht zu viel vornimmst und einen klaren Fokus auf das Wichtigste behältst. Ich empfehle dir jeden Tag in jeder Woche dafür zu nutzen, um an dem jeweiligen Punkt zu arbeiten. Es reichen schon 10 Minuten pro Tag aus. Solltest du dir noch kein Notizbuch angeschafft und bereits beim Lesen Dinge dort notiert haben, so empfehle ich es dir spätestens jetzt zu tun, wenn es wirklich an die Umsetzung geht.

Woche 1: Definiere deine Ziele und Träume

In dieser Woche geht es darum, deine Ziele und Träume zu definieren. Schreibe sie auf und teile sie in kleine und große Träume ein. Überlege, was du tun musst, um diese Träume zu verwirklichen.

Woche 2: Erstelle einen Plan

Nimm dir in dieser Woche Zeit, um einen Plan zu erstellen, wie du deine Träume erreichen kannst. Teile die Aufgaben in kleine Schritte ein und überlege, welche Schritte du jede Woche machen kannst.

Woche 3: Prioritäten setzen

Priorisiere deine Aufgaben, um sicherzustellen, dass du deine Ziele und Träume erreichen kannst. Überlege, welche Aufgaben für dich am wichtigsten sind und welche du als erstes erledigen solltest.

Woche 4: Überwinde Hindernisse

Jeder hat Hindernisse, die einem im Weg stehen. In dieser Woche geht es darum, Hindernisse zu identifizieren und Wege zu finden, um sie zu überwinden.

Woche 5: Verfolge deine Fortschritte

Halte deine Fortschritte fest und feiere kleine Erfolge, um motiviert zu bleiben. Überprüfe deine Pläne und aktualisiere sie, falls nötig.

Woche 6: Lerne, dich selbst zu motivieren

Erfolg braucht Motivation. Finde heraus, was dich motiviert und setze dir Ziele, um dich zu motivieren.

Woche 7: Lerne aus Fehlern

Jeder macht Fehler, aber es ist wichtig, daraus zu lernen. Reflektiere über deine Fehler und überlege, wie du sie in Zukunft vermeiden kannst.

Woche 8: Erweitere dein Netzwerk

Kontakte knüpfen kann sehr hilfreich sein, um seine Träume zu erreichen. Erweitere dein Netzwerk, indem du neue Leute triffst und Verbindungen aufbaust.

Woche 9: Nimm dir Zeit für dich

Es ist wichtig, sich auch Zeit für sich selbst zu nehmen, um neue Energie zu tanken. Plane Zeit für Entspannung und Freizeitaktivitäten ein.

Woche 10: Halte deine Erfolge fest

Feiere deine Erfolge und halte sie fest. Reflektiere über deine Erfolge und was du daraus gelernt hast. Plane neue Ziele und Träume für die Zukunft.

Natürlich sollte deine Reise nicht abrupt nach 10 Wochen aufhören. Vielmehr sollte es der erste Schritt gewesen sein, mit welchem du eine Routine für deine Selbstfindung und Selbstverwirklichung erschaffen hast. Bleib weiter am Ball und plane die nächsten Wochen aus. Nun kannst du jedoch zwei Punkte/Übungen pro Woche reinnehmen, um dich selbst zu fordern und zu fördern.

Dein persönlicher 10 Wochen Plan:

I. ______________________________

II. ______________________________

III. ______________________________

IV. ______________________________

V. ______________________________

VI. ______________________________

VII. ______________________________

VIII. ______________________________

IX. ______________________________

X. ______________________________

Du wirst es erreichen, Punkt.

Wertschätzung und Dankbarkeit

Wertschätzung und Dankbarkeit sind zwei Begriffe, die oft miteinander in Verbindung gebracht werden. Aber was bedeuten sie wirklich? Wertschätzung bezieht sich auf die Anerkennung und das Verständnis der Bedeutung einer Person oder einer Sache, während Dankbarkeit das Gefühl des Glücks oder der Erleichterung ausdrückt, das man empfindet, wenn man etwas erhält oder etwas Gutes erlebt.

"Dankbarkeit ist der Schlüssel, der das Tor zu innerem Frieden öffnet."

Dalai Lama

Wenn wir diese beiden Begriffe in unserem täglichen Leben anwenden, können sie uns helfen, uns selbst zu finden und unsere Träume zu verwirklichen. Wertschätzung kann uns dabei helfen, unsere Stärken und Talente zu erkennen und uns bewusst zu machen, was wir bereits erreicht haben. Durch die Dankbarkeit können wir unsere Wahrnehmung ändern und uns auf das Positive konzentrieren, anstatt uns auf das Negative zu fixieren.

Wie können wir also Wertschätzung und Dankbarkeit in unser tägliches Leben integrieren?

Schätze deine Stärken und Talente

Nimm dir Zeit, um über deine Stärken und Talente nachzudenken. Reflektiere darüber, was dich einzigartig macht und was du in deinem Leben bereits erreicht hast. Konzentriere dich auf deine Erfolge und nicht auf deine Fehler. Schreibe sie auf und nimm sie in deine tägliche Routine auf, um sie regelmäßig zu lesen und zu schätzen.

Achte auf die kleinen Dinge

Oft sind es die kleinen Dinge im Leben, die uns glücklich machen. Versuche, die Schönheit um dich herum zu schätzen, sei es die

Natur, die Beziehungen zu Menschen, die dir wichtig sind, oder die Dinge, die du besitzt. Nimm dir jeden Tag Zeit, um eine Sache zu notieren, für die du dankbar bist.

Sei dankbar für Herausforderungen

Herausforderungen und Rückschläge gehören zum Leben dazu. Doch anstatt uns auf das Negative zu konzentrieren, können wir dankbar sein für die Chance, zu wachsen und uns weiterzuentwickeln. Versuche, jeden Tag eine positive Sache aus einer Herausforderung zu ziehen und sei dankbar für die Erfahrung.

Schätze die Beziehungen zu anderen

Wir alle brauchen Beziehungen zu anderen Menschen, um uns glücklich und erfüllt zu fühlen. Schätze die Menschen in deinem Leben und sei dankbar für ihre Unterstützung und Liebe. Nimm dir Zeit, um ihnen zu sagen, wie wichtig sie für dich sind und was du an ihnen schätzt.

Setze Prioritäten

Eine wichtige Voraussetzung für Wertschätzung und Dankbarkeit ist die Fokussierung auf das Wesentliche. Überlege dir, welche Dinge in deinem Leben wirklich wichtig sind und konzentriere dich darauf. Setze Prioritäten und richte deine Energie auf die Dinge, die dir am meisten bedeuten.

"Dankbarkeit ist nicht nur die größte Tugend,
sondern auch die Mutter aller anderen."

Marcus Tullius Cicero

Das Zitat zeigt, dass Wertschätzung und Dankbarkeit wichtige Tugenden sind, die uns dabei helfen können, unsere Perspektive zu verändern und das Leben in all seinen Facetten zu schätzen. Wenn wir uns auf die positiven Dinge konzentrieren und dankbar für das sind, was wir haben, können wir inneren Frieden finden und uns selbst auf dem Weg zu unseren Träumen unterstützen.

Selbst berühmte Persönlichkeiten sehen Dankbarkeit als eine essentielle Eigenschaft, die einen wichtigen Teil ihres Erfolgs und Glücks ausmacht.

I. Die berühmte Talkshow-Moderatorin und Unternehmerin Oprah Winfrey betont immer wieder die Bedeutung der Dankbarkeit in ihrem Leben und ihrer Karriere. Sie sagt: *"Ich glaube, dass wenn man dankbar ist, man automatisch mehr Dinge bekommt, für die man dankbar sein kann."* Oprah führt ein Dankbarkeitstagebuch und schreibt jeden Abend drei Dinge auf, für die sie an diesem Tag dankbar ist.

II. Der bekannte Motivationstrainer Tony Robbins sagt, dass Dankbarkeit einer der wichtigsten Faktoren für sein eigenes Glück und Erfolg ist. Er betont, dass es wichtig ist, sich jeden Tag bewusst zu machen, wofür man dankbar ist und es zu schätzen. Er selbst praktiziert Dankbarkeitsübungen wie das Schreiben von Dankbarkeitslisten oder das Visualisieren von Dankbarkeit.

III. Die Autorin und Forscherin Brené Brown betont in ihren Büchern und Vorträgen immer wieder die Bedeutung von Dankbarkeit für ein erfülltes Leben. Sie sagt: *"Dankbarkeit ist der Schlüssel zum Glück. Es ist nicht das Glück, das uns dankbar macht, sondern die Dankbarkeit, die uns glücklich macht."* Brown empfiehlt, jeden Tag drei Dinge aufzuschreiben, für die man dankbar ist und sich bewusst zu machen, wie diese Dinge das Leben bereichern.

Deine Beziehungen prägen dich

Beziehungen sind ein grundlegender Aspekt unseres Lebens. Wir brauchen sie, um uns verbunden und unterstützt zu fühlen, um zu wachsen und uns weiterzuentwickeln. Beziehungen prägen uns und beeinflussen unsere Gedanken, Gefühle und Handlungen. Im Folgenden wollen wir uns damit beschäftigen, warum Beziehungen so wichtig sind und wie sie uns dabei helfen können, unser wahres Ich zu finden.

Es gibt ein Sprichwort, das besagt:

"Zeige mir deine Freunde und ich sage dir, wer du bist".

Dieser Satz mag auf den ersten Blick banal erscheinen, aber er drückt eine wichtige Wahrheit aus: unsere Beziehungen prägen uns und beeinflussen, wer wir sind und wer wir werden.

Nehmen wir zum Beispiel das berühmte Sprichwort "Gleich und Gleich gesellt sich gern". Es bezieht sich auf die Tendenz, dass Menschen mit ähnlichen Interessen und Persönlichkeiten dazu neigen, sich gegenseitig anzuziehen. Wenn du dich also von Menschen umgibst, die ähnliche Ziele, Werte und Interessen haben wie du, wirst du eher in der Lage sein, dein wahres Ich zu entfalten.

Aber wie sieht es mit negativen Beziehungen aus? Wir alle kennen Menschen, die uns Energie rauben, uns runterziehen und uns in unserer Entwicklung behindern. Es ist wichtig zu erkennen, dass solche Beziehungen uns nicht guttun und uns davon abhalten können, unser volles Potenzial zu erreichen. Oder wie es ein Sprichwort besagt: "Man ist so gut wie sein schlechtester Freund". Deshalb ist es wichtig, sich von solchen negativen Beziehungen zu lösen und sich auf die positiven, unterstützenden Beziehungen zu konzentrieren.

Wenn wir uns von Menschen umgeben, die uns unterstützen und uns helfen, unser Potenzial zu entfalten, können wir große

Fortschritte machen. Wir können von ihren Erfahrungen lernen und von ihrem Feedback profitieren. Wir können uns gegenseitig ermutigen, wenn wir uns unsicher fühlen, und uns in schwierigen Zeiten unterstützen.

In diesem Zusammenhang ist das Sprichwort

"Kein Mensch ist eine Insel"

sehr passend. Wir brauchen andere Menschen, um uns zu entwickeln und zu wachsen. Wir können nicht alleine alles erreichen, was wir wollen. Wir brauchen die Unterstützung und Hilfe anderer, um unsere Ziele zu erreichen.

Es ist auch wichtig zu betonen, dass Beziehungen nicht nur zu anderen Menschen beschränkt sind. Wir können auch eine Beziehung zu uns selbst aufbauen, indem wir uns selbst respektieren und achten. Es ist wichtig, uns Zeit zu nehmen, um uns selbst kennenzulernen und uns selbst zu akzeptieren, einschließlich unserer Stärken und Schwächen. Dies ist ein wichtiger Schritt, um ein gesundes Selbstbewusstsein zu entwickeln und eine positive Beziehung zu uns selbst aufzubauen.

Insgesamt können wir sagen, dass Beziehungen einen wichtigen Einfluss auf unser Leben haben. Sie prägen uns und beeinflussen, wer wir sind und wer wir werden. Indem wir uns von negativen Beziehungen lösen und uns auf positive, unterstützende Beziehungen

Hier sind einige Denkanstöße für die Verbesserung der Beziehungen zu deinem Partner, deiner Partnerin oder engsten Freunden:

» Kommunikation ist der Schlüssel: Eine offene und ehrliche Kommunikation ist entscheidend für jede Beziehung. Sprecht über eure Wünsche, Bedürfnisse, Erwartungen und Ängste. Hört einander zu und respektiert die Meinung des anderen.

- » Vertrauen aufbauen: Vertrauen ist das Fundament jeder guten Beziehung. Es braucht Zeit, um Vertrauen aufzubauen, aber es kann durch Offenheit, Ehrlichkeit und Konsistenz erreicht werden.
- » Akzeptanz: Jeder Mensch ist einzigartig und hat seine Stärken und Schwächen. Akzeptiere deinen Partner oder deine Partnerin so, wie er oder sie ist, ohne zu versuchen, ihn oder sie zu ändern.
- » Qualität statt Quantität: Es geht nicht darum, wie viel Zeit ihr zusammen verbringt, sondern wie ihr sie verbringt. Versuche, gemeinsame Erlebnisse zu schaffen, die euch beide glücklich machen.
- » Kompromisse eingehen: In jeder Beziehung müssen Kompromisse eingegangen werden. Versucht, eine Lösung zu finden, die für euch beide akzeptabel ist.
- » Respektvoller Umgang: Behandle deinen Partner oder deine Partnerin mit Respekt und Würde. Vermeide Beleidigungen, Vorwürfe oder Kritik. Respektiere die Meinung des anderen und akzeptiere sie.
- » Kleine Gesten der Liebe: Es sind oft die kleinen Dinge, die den Unterschied machen. Überrasche deinen Partner oder deine Partnerin mit kleinen Gesten der Liebe und Wertschätzung.
- » Gemeinsame Ziele: Findet gemeinsame Ziele und Pläne, an denen ihr zusammenarbeiten könnt. Das schafft eine gemeinsame Vision und gibt euch etwas, auf das ihr hinarbeiten könnt.

- Geduld: Gute Beziehungen brauchen Zeit, um zu wachsen und sich zu entwickeln. Sei geduldig und gib deinem Partner oder deiner Partnerin Raum zum Wachsen und Entfalten.
- Feiern: Feiere die Erfolge und Meilensteine in eurer Beziehung. Das stärkt eure Bindung und erinnert euch daran, warum ihr zusammen seid

Anzeichen für ein falsches Umfeld

Es gibt einige Anzeichen, die darauf hindeuten können, dass man sich in einem falschen Umfeld befindet. Hier sind einige mögliche Hinweise:

- Du fühlst dich unwohl oder unglücklich in der Gegenwart bestimmter Menschen. Wenn du dich in der Nähe bestimmter Personen unwohl oder unglücklich fühlst, kann das ein Anzeichen dafür sein, dass diese Beziehungen dir nicht guttun.
- Deine Werte und Überzeugungen passen nicht zu denen der Menschen in deinem Umfeld. Wenn du das Gefühl hast, dass deine Werte und Überzeugungen nicht mit denen deiner Freunde, Familie oder Kollegen übereinstimmen, kann das ein Hinweis darauf sein, dass du im falschen Umfeld bist.
- Du fühlst dich ständig unter Druck gesetzt, Dinge zu tun, die du nicht willst. Wenn du dich in deinem Umfeld ständig unter Druck gesetzt fühlst, Dinge zu tun, die du nicht willst oder die nicht deinen Interessen entsprechen, kann das ein Anzeichen dafür sein, dass dieses Umfeld nicht das richtige für dich ist.
- Du fühlst dich nicht respektiert oder wertgeschätzt. Wenn du das Gefühl hast, dass deine Meinung und deine Bedürfnisse nicht respektiert oder wertgeschätzt werden, kann das ein

Hinweis darauf sein, dass du dich in einem falschen Umfeld befindest.

» Du hast das Gefühl, dass du nicht wachsen oder dich weiterentwickeln kannst. Wenn du das Gefühl hast, dass dein Umfeld deine persönliche oder berufliche Entwicklung hemmt oder dir keine Chancen bietet, dich zu verbessern, kann das ein Anzeichen dafür sein, dass du dich in einem falschen Umfeld befindest.

Für diese Dinge bin ich dankbar

♡ ____

♡ ____

♡ ____

♡ ____

♡ ____

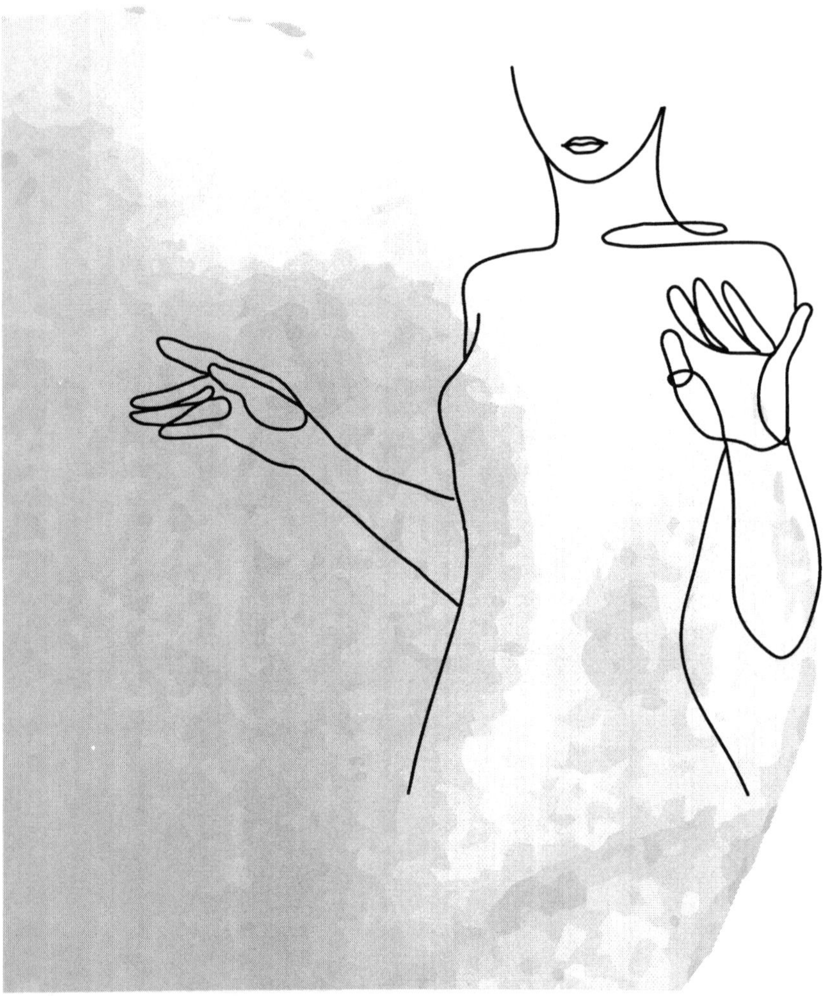

Setze Punkte - keine Kommas

"Das Loslassen von Vergangenem ist der Schlüssel zur Zufriedenheit im Leben."

Buddha

In der Vergangenheit gibt es oft Dinge, die uns belasten und uns davon abhalten, unsere Träume zu leben. Es können Beziehungen, Jobs oder sogar Fehler sein, die wir gemacht haben. Es ist jedoch wichtig zu erkennen, dass wir uns von diesen Dingen lösen und unsere Vergangenheit hinter uns lassen müssen, um uns auf unsere Zukunft zu konzentrieren. In diesem Kapitel werde ich Ihnen zeigen, wie Sie "Punkte" setzen und sich von den "Kommas" trennen können, um Ihre Vergangenheit loszulassen und ein erfülltes Leben zu führen.

Was sind Punkte und Kommas?

Punkte und Kommas sind Symbole, die uns helfen können, unsere Vergangenheit zu verstehen und loszulassen. Punkte repräsentieren Ereignisse in unserem Leben, die abgeschlossen sind. Sie sind ein Zeichen dafür, dass es an der Zeit ist, weiterzumachen und sich auf die Zukunft zu konzentrieren. Kommas hingegen zeigen, dass es noch eine Fortsetzung oder eine unvollständige Geschichte gibt. Sie halten uns in der Vergangenheit fest und verhindern, dass wir uns auf unsere Zukunft konzentrieren.

"Die Zukunft gehört denen, die die Vergangenheit loslassen können."

David Allen

Wie kann man Punkte setzen?

Die erste Übung, um Punkte zu setzen, besteht darin, Ihre Vergangenheit zu reflektieren. Überlegen Sie, welche Ereignisse in Ihrem Leben abgeschlossen sind und welche noch offen sind. Schreiben Sie diese Ereignisse auf und versuchen Sie, sich von den offenen Geschichten zu lösen. Das bedeutet nicht, dass Sie diese Ereignisse vergessen oder ignorieren sollten, sondern dass Sie sich von der emotionalen Belastung befreien sollten, die sie verursachen.

Eine weitere Möglichkeit, Punkte zu setzen, besteht darin, Dankbarkeit zu üben. Konzentrieren Sie sich auf die guten Dinge, die in Ihrem Leben passiert sind, und finden Sie Gründe, dankbar zu sein. Wenn Sie sich auf die positiven Aspekte Ihres Lebens konzentrieren, wird es einfacher sein, Ihre Vergangenheit loszulassen und sich auf Ihre Zukunft zu konzentrieren.

"Loslassen bedeutet, dass man bereit ist, sich dem Leben zu stellen und zu vertrauen, dass das Richtige geschieht."

Unbekannt

Wie kann man Kommas loswerden?

Um sich von den Kommas zu trennen, müssen Sie Ihre unvollständigen Geschichten abschließen. Identifizieren Sie die offenen Geschichten in Ihrem Leben und überlegen Sie, was Sie tun können, um sie abzuschließen. Das kann bedeuten, dass Sie eine schwierige Konversation mit jemandem führen müssen oder sich von einer schlechten Beziehung trennen müssen. Es kann auch bedeuten, dass Sie sich vergeben und sich von Schuldgefühlen befreien müssen.

"Manchmal muss man die Vergangenheit loslassen, um die Zukunft zu umarmen."

Unbekannt

Du wirst es erreichen, Punkt.

Eine weitere Möglichkeit, Kommas loszuwerden, besteht darin, sich auf die Gegenwart zu konzentrieren. Verbringen Sie Zeit mit Menschen, die Sie glücklich machen, und tun Sie Dinge, die Ihnen Freude bereiten. Wenn Sie sich auf die Gegenwart konzentrieren, werden Sie feststellen, dass die unvollständigen Geschichten Ihrer Vergangenheit weniger bedeutsam werden.

"Du kannst den Wind nicht ändern, aber du kannst die Segel anders setzen."

Aristoteles

In diesem Abschnitt habe ich dir drei Ereignisse aufgeführt, mit welchen meine Kursteilnehmerinnen am häufigsten zu mir kommen und mich um Rat bitten.

Ex-Partner loslassen

» Verbringe Zeit mit Freunden und Familie, um Ablenkung zu finden.

» Reflektiere über die Gründe, warum die Beziehung nicht funktioniert hat und akzeptiere, dass es vorbei ist.

» Lösche alle Erinnerungen, wie Fotos und Geschenke, die dich an die Beziehung erinnern.

» Verzeihe dir selbst und deinem Ex-Partner für Fehler und Fehltritte, die in der Beziehung gemacht wurden.

Tod eines Familienmitglieds loslassen

» Verarbeite die Trauer und die Emotionen, indem du dich mit Freunden und Familie austauschst oder professionelle Hilfe in Anspruch nimmst.

» Gedenke deines geliebten Familienmitglieds auf eine positive Art und Weise, indem du ein besonderes Andenken schaffst oder eine wohltätige Spende in dessen Namen machst.

» Fokussiere dich auf die guten Zeiten und Erinnerungen, die du mit deinem Familienmitglied geteilt hast, anstatt dich auf den Verlust zu konzentrieren.

» Verstehe, dass es okay ist, zu trauern und es Zeit braucht, um den Verlust zu akzeptieren und weiterzugehen.

Falsche Entscheidung im beruflichen Kontext loslassen

» Reflektiere über die Entscheidung und suche nach den Gründen, warum es nicht funktioniert hat.

» Akzeptiere, dass nicht jede Entscheidung perfekt ist und es okay ist, Fehler zu machen.

» Erkenne, dass du daraus lernen kannst und es dir helfen kann, bessere Entscheidungen in Zukunft zu treffen.

» Fokussiere dich auf die positiven Dinge, die du erreicht hast, und suche nach neuen Möglichkeiten, um deine Karriere voranzutreiben.

Du hast dein wahres Ich gefunden!

Ein glückliches Leben - was es wirklich bedeutet

Das Streben nach Glück ist eines der grundlegenden menschlichen Bedürfnisse. Jeder von uns möchte glücklich sein, aber was bedeutet Glück eigentlich? Gibt es eine allgemeingültige Definition dafür oder ist Glück für jeden von uns etwas anderes? In diesem Kapitel werden wir uns damit beschäftigen, was es bedeutet, ein glückliches Leben zu führen.

Es gibt nicht nur eine Definition von Glück

Es gibt nicht nur eine Definition von Glück. Je nachdem, wen man fragt, wird man verschiedene Antworten bekommen. Einige Menschen glauben, dass Glück mit materiellem Wohlstand und Erfolg verbunden ist, während andere sagen, dass es mit innerem Frieden und emotionaler Stabilität zu tun hat. Einige Menschen glauben, dass Glück ein Moment der Freude ist, während andere sagen, dass es ein dauerhafter Zustand des Wohlbefindens ist.

I. Glück als innere Zufriedenheit

Eines der grundlegendsten Verständnisse von Glück ist die innere Zufriedenheit. Einige glauben, dass Glück bedeutet, mit dem zufrieden zu sein, was man hat, und im Einklang mit sich selbst und der Welt um sich herum zu leben.

"Glück ist, wenn das, was du denkst, was du sagst und was du tust, in Harmonie sind."

Mahatma Gandhi

II. Glück als Genuss der einfachen Dinge im Leben

Glück kann auch darin gefunden werden, die einfachen Freuden des Lebens zu genießen. Für viele Menschen bedeutet Glück, die

Schönheit der Natur zu schätzen, Zeit mit Familie und Freunden zu verbringen oder sich in einem guten Buch zu verlieren.

"Glück ist das Streben nach der Freude in den einfachen Dingen."

Leo Tolstoi

III. Glück als Erfolg

Einige Menschen definieren Glück als Erfolg im Beruf oder im Privatleben. In diesem Zusammenhang bedeutet Glück, seine Ziele zu erreichen und die Früchte seiner Arbeit zu genießen.

"Der Erfolg ist nicht der Schlüssel zum Glück. Glück ist der Schlüssel zum Erfolg. Wenn du liebst, was du tust, wirst du erfolgreich sein."

Albert Schweitzer

IV. Glück als Balance

Ein weiteres Konzept von Glück ist die Balance, sowohl im emotionalen als auch im körperlichen Zustand. Glück kann als das Gleichgewicht zwischen den positiven und negativen Aspekten des Lebens verstanden werden.

"Glück ist kein Zustand, den man erreicht, sondern eine Art zu reisen."

Margaret Lee Runbeck

V. Glück als Lebensfreude

Die Lebensfreude ist ein wichtiger Bestandteil des Glücks. Diese Definition von Glück betont die Freude am Leben und die Neugier, die Welt zu entdecken und zu genießen.

"Das Glück liegt in der Freude am Leben und dem Bewusstsein, dass man lebt."

Frederico Fellini

VI. Glück als Selbstakzeptanz

Glück kann auch als Selbstakzeptanz verstanden werden. In diesem Sinne bedeutet Glück, sich selbst in all seinen Facetten zu akzeptieren und sich der eigenen Stärken und Schwächen bewusst zu sein.

"Die größte Entdeckung meines Lebens ist, dass ein Mensch sein Glück ändern kann, indem er seine Einstellung ändert."

William James

VII. Glück als Fülle

Einige Menschen definieren Glück als Fülle. In diesem Zusammenhang bedeutet Glück, in jedem Aspekt des Lebens Wohlstand, Liebe und Freude zu erfahren.

"Glück ist nicht das Fehlen von Problemen, es ist die Fähigkeit, gut mit ihnen umzugehen."

Steve Maraboli

VIII. Glück als innerer Frieden

Innerer Frieden ist für viele Menschen ein wichtiger Aspekt des Glücks. Diese Definition von Glück betont die Bedeutung von innerer Ruhe und Gelassenheit als Voraussetzung für ein glückliches Leben.

"Der wahre Schlüssel zum Glück liegt im inneren Frieden."

Dalai Lama

IX. Glück als Selbstverwirklichung

Selbstverwirklichung ist ein weiterer wichtiger Aspekt des Glücks. In diesem Sinne bedeutet Glück, das eigene Potenzial voll auszuschöpfen und das Beste aus sich herauszuholen.

"Das Glück besteht darin, das Beste aus den Talenten zu machen, die man hat."

Voltaire

X. Glück als bedingungslose Liebe

Bedingungslose Liebe ist eine mächtige Definition von Glück. Sie betont die Bedeutung von Liebe und Mitgefühl für sich selbst und andere, unabhängig von den Umständen.

"Das höchste Glück des Lebens besteht in der Überzeugung, geliebt zu werden; geliebt um seiner selbst willen, oder vielmehr: trotz seiner selbst."

Victor Hugo

Im Laufe des Lebens ändert sich unser Verständnis von Glück ständig, und das ist völlig normal. Jede dieser Definitionen von Glück bietet eine einzigartige Perspektive auf das, was es bedeutet, ein glückliches Leben zu führen. Es gibt keine universelle Definition von Glück, und es liegt an uns, herauszufinden, was uns persönlich glücklich macht. Deshalb nimm dir einige Minuten Zeit und überlege, was Glück wirklich für dich bedeutet?

Dankbarkeit für das aktuelle Glück

Während wir uns ständig bemühen, Glück zu finden, ist es wichtig, auch dankbar für das Glück zu sein, das wir bereits haben. Oft verlieren wir uns in der Suche nach etwas Besserem und vergessen dabei, das zu schätzen, was wir bereits haben. Wir sollten uns daran erinnern, dass es Menschen und Dinge in unserem Leben gibt, die uns glücklich machen. Indem wir uns auf das konzentrieren, was wir haben und nicht darauf, was wir nicht haben, können wir unser Glück steigern.

Glück ist ein Prozess, kein Zustand

Glück ist kein Zustand, den wir erreichen und dann für den Rest unseres Lebens behalten. Es ist ein Prozess, der unser ganzes Leben lang anhält. Wir müssen ständig nach neuen Wegen suchen, um unser Glück zu steigern und unser Wohlbefinden zu verbessern. Glück erfordert auch Arbeit und Anstrengung. Es ist nicht immer einfach, glücklich zu sein, aber es ist es wert.

Glück im Geben

"Das Glück ist das Einzige, was sich verdoppelt, wenn man es teilt."

Albert Schweitzer

Selbstlosigkeit und Großzügigkeit sind essentielle Bestandteile eines glücklichen Lebens. Wenn wir geben, fühlen wir uns nicht nur gut, sondern wir können auch das Leben anderer positiv beeinflussen. Ganz nach dem Sprichwort "Glück verdoppelt sich, wenn man es teilt", können wir unsere eigene Zufriedenheit steigern, indem wir anderen helfen.

"Das Glück ist das Parfüm, das du nicht auf andere sprühen kannst, ohne ein paar Tropfen auf dich selbst zu bekommen."

Ralph Waldo Emerson

Es ist jedoch wichtig, dass wir nicht nur aus einem Gefühl der Verpflichtung heraus handeln, sondern dass wir wirklich Freude daran haben, anderen zu helfen. Wenn wir uns selbst dazu zwingen, etwas zu geben, werden wir uns nicht so erfüllt fühlen, als wenn wir es freiwillig tun. Geben sollte auch nicht als eine Art Tauschgeschäft angesehen werden: "Ich gebe dir das, damit du mir etwas zurückgibst", sondern vielmehr als ein Akt der Liebe und des Mitgefühls.

Geben kann auf viele verschiedene Arten erfolgen - sei es durch Zeit, Wissen, Geld oder körperliche Ressourcen. Auch kleine Gesten können großen Einfluss haben. Das Lächeln einer Fremden auf der Straße kann jemandes Tag aufhellen, eine freundliche Geste kann ein Gefühl der Verbundenheit schaffen und das Teilen von Wissen kann das Leben eines anderen verändern.

"Das Geheimnis des Glücks liegt nicht im Besitz, sondern im Geben."

Charles Haddon Spurgeon

Es gibt auch wissenschaftliche Beweise dafür, dass Geben uns glücklicher machen kann. Eine Studie hat gezeigt, dass Menschen, die einen Teil ihres Einkommens spenden, glücklicher sind als Menschen, die ihr Geld für sich behalten. Ein weiterer Forschungsbericht hat gezeigt, dass Menschen, die ehrenamtlich arbeiten, ein höheres Maß an Glück und Zufriedenheit empfinden als diejenigen, die dies nicht tun.

Glück ist eine Reise

"Glück ist kein Ziel, es ist eine Reise. Glück ist der Moment, in dem wir atmen und erkennen, dass wir lebendig sind."

Oprah Winfrey

Viele Menschen verbringen ihr ganzes Leben damit, nach Glück zu suchen – als ob es ein Ziel wäre, das man erreichen kann. Doch wie das alte Sprichwort sagt: "Glück ist eine Reise, kein Ziel.", ist es wichtig, sich daran zu erinnern, dass Glück in den alltäglichen Momenten gefunden werden kann und nicht nur in den großen Errungenschaften oder Erfolgen.

"Das Glück liegt nicht in den Dingen selbst, sondern in unserer Art, sie wahrzunehmen und zu genießen."

Marcel Proust

Eine der wichtigsten Lektionen auf unserer Reise zum Glück ist das Leben im Hier und Jetzt. Viele Menschen sind so sehr auf die Zukunft fokussiert, dass sie die kleinen Glücksmomente, die sich im gegenwärtigen Moment verbergen, übersehen.

"Das Glück besteht darin, ganz gegenwärtig zu sein, jeden Augenblick zu genießen."

Thich Nhat Hanh

Übe Achtsamkeit, um mehr im gegenwärtigen Moment zu leben. Achte auf deine Gedanken, Gefühle und Umgebung, und lass dich nicht von Vergangenheit oder Zukunft ablenken.

Oft sind es die kleinen Dinge im Leben, die uns wirklich glücklich machen. Wir müssen lernen, diese kleinen Freuden wertzuschätzen und zu erkennen, dass sie Teil der Reise zum Glück sind.

"Das Glück liegt in den kleinen Freuden, die das Leben uns jeden Tag bietet, nicht in großen Freuden, die uns die Zukunft verspricht."

Charles Spurgeon

Ein weiterer entscheidender Aspekt auf unserer Reise zum Glück ist die Selbstakzeptanz und Selbstliebe. Wir müssen lernen, uns selbst so zu akzeptieren, wie wir sind, und uns selbst mit Liebe und Güte zu behandeln.

"Du selbst, genau so wie jeder andere im ganzen Universum, verdienst deine Liebe und Zuneigung."

Buddha

Liebe und akzeptiere dich selbst, und du wirst feststellen, dass Glück leichter zu finden ist, wenn du aufhörst, dich selbst zu beurteilen oder zu hart mit dir selbst zu sein.

„Es gibt keinen Weg zum Glück. Glücklichsein ist der Weg."

Buddha

Als Zwischenstand deiner Reise, wäre es wichtig, dass du deinen bisherigen Weg reflektierst. Denn durch Reflektion und regelmäßiges Aufschreiben, wirst du deinem wahren Ich immer näherkommen.

Das habe ich auf meiner Reise bisher gelernt:

Aktuell fühle ich mich ____________________

Das hat mir am meisten geholfen:

Daran sollte ich noch arbeiten:

Wichtige Worte zum Schluss

"Das Leben ist eine Reise, aber es geht nicht darum, ans Ziel zu kommen, sondern die Schönheit auf dem Weg zu sehen."

Unbekannt

In diesem Schlusskapitel möchte ich dich dazu ermutigen, die Schönheit deiner Lebensreise zu schätzen und die vielen wunderbaren Erfahrungen, die dich geformt und bereichert haben, zu würdigen. Es ist wichtig, sich daran zu erinnern, dass Glück und Erfüllung weniger im Erreichen eines Ziels liegen, sondern vielmehr im Prozess und den Erlebnissen, die uns auf unserem Weg begegnen.

Du hast in diesem Buch verschiedene Perspektiven und Strategien kennengelernt, um deine innere Stärke zu finden und dich selbst wertzuschätzen. Jedes Kapitel hat dir unterschiedliche Facetten des Glücks und der Selbstliebe aufgezeigt. Es ist nun an dir, diese Weisheiten in deinem Alltag umzusetzen und zu verinnerlichen.

Sei geduldig mit dir selbst und vergiss nicht, dass Veränderungen Zeit brauchen. Es ist normal, Rückschläge und Schwierigkeiten zu erleben, aber genau diese Herausforderungen sind es, die uns wachsen lassen und uns zu der Person formen, die wir sein möchten. Schätze die kleinen Momente des Glücks, die dir das Leben bietet, und sei offen für die Schönheit, die dich auf deiner Reise erwartet.

An dieser Stelle möchte ich dir Mut zusprechen und alles Gute für deine Zukunft wünschen. Du bist wertvoll, einzigartig und verdienst es, glücklich und erfüllt zu sein. Glaube an dich selbst und deine

Fähigkeiten, und vertraue darauf, dass du alles erreichen kannst, was du dir vornimmst.

"Du bist wertvoll: Eine Reise zu deinem wahren Ich" war unser gemeinsamer Weg, um dir Inspiration und Einsichten zu bieten. Doch das Ende dieses Buches ist keineswegs das Ende deiner Reise. Es ist vielmehr ein neuer Anfang, ein Startpunkt, von dem aus du dein Leben mit neuer Kraft, Selbstliebe und Zuversicht gestalten kannst.

Wir hoffen, dass die Erkenntnisse, die du aus diesem Buch gewonnen hast, dir dabei helfen, dein Leben in vollen Zügen zu genießen und die Schönheit auf deiner Reise zu erkennen. Vergiss nie, dass du wertvoll bist, und schenke dir selbst die Liebe und Fürsorge, die du verdienst.

Mögen Glück, Erfolg und Erfüllung immer an deiner Seite sein, und möge die Reise zu deinem wahren Ich voller unvergesslicher, bereichernder Momente sein. Alles Gute auf deinem Weg!

"Das Leben ist nicht immer perfekt. Es gibt immer Höhen und Tiefen, aber das ist es, was die Reise so wertvoll und lehrreich macht."

Unbekannt

Printed in Poland
by Amazon Fulfillment
Poland Sp. z o.o., Wrocław

30286840R00069